Manual do

DELEGADO DE POLÍCIA

Peças práticas

Paulo Furtado
Andréa Busch Boregas

Manual do DELEGADO DE POLÍCIA

Peças práticas

2019

EDITORA JusPODIVM
www.editorajuspodivm.com.br

EDITORA
*Jus*PODIVM
www.editorajuspodivm.com.br

Rua Território Rio Branco, 87 – Pituba – CEP: 41830-530 – Salvador – Bahia
Tel: (71) 3045.9051
• Contato: https://www.editorajuspodivm.com.br/sac

Diagramação e Capa: Marcelo S. Brandão *(santibrando@gmail.com)*

F992m Furtado, Paulo.
Manual do delegado de polícia / Paulo Furtado, Andréa Busch Boregas – Salvador: Editora JusPodivm, 2019.
304 p.

Bibliografia.
ISBN 978-85-442-2826-5.

1. Delegado de Polícia. 2. Direito Administrativo. I. Furtado, Paulo. II. Título.

CDD 341.37

PREFÁCIO

Sempre refleti sobre os livros de prática. O desafio das peças profissionais é instigante. A estrutura formal, aliada ao conteúdo, integram a fórmula para a compreensão do início, meio e fim do que se está buscando: um instrumento claro, preciso e eficiente. Mas não é só! O dilema na identificação da peça adequada ao caso normalmente é um dos pontos de maior receio de quem está se preparando para qualquer avaliação.

Somados tais elementos, um livro de prática não é (e não pode ser) "apenas" um livro de peças. Longe disso. A estrutura formal de uma peça talvez seja o menor dos entraves. É preciso mais. É necessário compreender o funcionamento da persecução penal. Ter sensibilidade para avaliar as medidas pertinentes diante das situações postas. Medir circunstâncias. Avaliar riscos. Compreender a situação jurídica e apontar o instrumento pertinente, com o conteúdo e domínio dos desdobramentos do que se deseja. É ser claro e direto, sem superficialidade. É aprender a argumentar, driblando a sedução pelo excesso ou pelo prolixo. É se fazer compreender, conjugando o necessário lastro jurídico, o embasamento acadêmico e o alicerce jurisprudencial.

Pensando nisso, a peça é integrante de um ambiente mais amplo. É um elemento dentro dos contornos fáticos e jurídicos a serem interpretados. É a forma de comunicação da autoridade responsável pela investigação. É a maneira de representar ao juízo. É como se inicia e conclui a investigação. Ela molda o perfil da autoridade policial. Revela a estratégia. Desnuda a técnica. Traz, no mais das vezes, o que tem de melhor na atuação policial: a roupagem jurídica no desvendamento do crime e de suas circunstâncias, que contribuem para o atuar em juízo ou a filtragem da pretensão acusatória.

Em todos esses quesitos, os Professores e Delegados Paulo Furtado e Andréa Busch foram atenciosos. Preocuparam-se em analisar a investigação, trazer as suas características, apresentar sua funcionalidade, indicar finalidades, temas vivenciados no dia a dia profissional, assim como enfrentados academicamente na boa técnica da sala de aula, que envolve incessante estudo do Direito Penal e do Direito Processual Penal. Tiveram desenvoltura no esclarecimento das prisões. Atenção especial com o auto de flagrante e as formalidades que lhe são inerentes, assim como na confrontação entre a prisão preventiva e a temporária, tão recorrentes no dia a dia profissional e nas provas. Não descuraram das medidas cautelares reais, essenciais no flagelo patrimonial da conduta criminosa. Dedicaram-se às peças que integram a estrutura da investigação, notadamente o relatório. Fizeram apontamentos precisos quanto ao indiciamento, e gravitaram com presteza nas oscilações inerentes a natureza do crime, que trazem peculiaridades ao trato da peça e a própria condução da investigação.

Ao fim e ao cabo, temos uma obra direta, cuidadosa, robusta, nascida das experiências profissionais dos seus autores, atuantes Delegados no estado de Pernambuco, mas também exímios professores, que na labuta da sala de aula, escreveram com a preocupação de quem enxerga as necessidades do aluno, trazendo uma rica contribuição aos que, como eles, são devotados a Carreira Policial.

Salvador, em 28 de maio de 2019.

Nestor Távora

SUMÁRIO

TÍTULO II – Dos aspectos práticos

TÍTULO III – Das peças prático-profissionais

INTRODUÇÃO

A presente obra é dirigida não só àqueles que buscam êxito na aprovação do concurso para o cargo de delegado de polícia, seja da Polícia Civil ou da Polícia Federal, notadamente na segunda fase do certame público, mas também, aos profissionais que já exercem o referido cargo público e necessitam da utilização de um material completo e atualizado para a confecção de suas peças prático-profissionais.

Sabe- se que atualmente os concursos públicos para o cargo de delegado de polícia vêm cobrando conhecimentos práticos relacionados à atividade exercida por tal profissional no exercício de suas funções legais.

Por conseguinte, se faz necessário um minucioso estudo não só em relação a cada peça relacionada às funções do delegado de polícia, mas também, quando e como utilizá-las no caso concreto.

Através de uma proposta inovadora na apresentação dos conteúdos, buscaremos sempre a essência dos temas trazidos, iniciando pelos aspectos gerais relacionados às atribuições do delegado de polícia, indo até o ponto atrelado à formatação final das representações e de outras peças relacionadas ao seu exercício funcional, logicamente, passando por todas as nuances importantes para a identificação da peça prático-profissional oportuna e conveniente ao caso concreto.

Tudo isso feito à procura de dois objetivos, quais sejam, prover estratégias para que os candidatos consigam atingir nota máxima na segunda fase do concurso para o cargo de delegado de polícia, e servir de consulta para os profissionais que estão investidos em seus cargos e precisam corriqueiramente confeccionar peças prático-profissionais de forma técnica e atualizada.

Para atingirmos esses objetivos, vamos lançar mão de diversos artifícios que busquem otimizar o seu aprendizado e minimizar o seu esforço em relação às dificuldades encontradas para identificar a peça correta ao caso proposto.

A obra possui uma parte teórica básica, prevista no Título I, que traz aspectos gerais e essenciais acerca da formatação da peça, através de uma abordagem precisa sobre as funções do delegado de polícia, questões correlatas às medidas cautelares ou não cautelares, bem como sobre algumas especificidades relacionadas a entendimentos controversos, delineando sempre a posição mais adequada ao caso.

Após essa breve teoria, iremos abordar no Título II aspectos práticos de como identificar a peça correta e formatá- la da maneira mais adequada.

No Título III, iremos trabalhar os conteúdos relacionados a cada peça, notadamente no que se refere à legitimidade, cabimento, requisitos, pedidos, dentre outros aspectos individualizadores das medidas.

Também iremos trazer casos propostos devidamente resolvidos e comentados para que o leitor possa visualizar e treinar de maneira adequada as peças já trabalhadas.

Com isso pretendemos alcançar os nossos objetivos propostos nessa obra, dentre eles colaborar para que o leitor obtenha a nota máxima no certame público para provimento ao cargo de delegado de polícia, atingindo assim sua aspiração.

TÍTULO I

ASPECTOS GERAIS

I

FUNÇÕES DO DELEGADO DE POLÍCIA

1. FUNÇÃO DE POLÍCIA JUDICIÁRIA E INVESTIGAÇÃO CRIMINAL

1.1. Previsão legal

A Constituição Federal definiu bem as atribuições das policias civis nacionais, conferindo duas funções distintas, a administrativa (ostensiva) que é a polícia incumbida de prevenir a prática de crimes, e a judiciária, que atua na seara da repressão, bem como presta auxílio ao Poder Judiciário.

Nessa linha, percebemos que a Carta Magna conferiu às Policias Civis e à Polícia Federal, a função de apurar as infrações penais, bem como a de auxiliar o Poder Judiciário, atribuindo, neste último caso a nomenclatura de Polícia Judiciária.

Vejamos:

> Art. 144. A segurança pública, dever do Estado, direito e responsabilidade de todos, é exercida para a preservação da ordem pública e da incolumidade das pessoas e do patrimônio, através dos seguintes órgãos:
>
> I – polícia federal;
>
> [...]
>
> IV – polícias civis;

> § 1º A polícia federal, instituída por lei como órgão permanente, organizado e mantido pela União e estruturado em carreira, destina-se a:
>
> I – **apurar infrações penais** contra a ordem política e social ou em detrimento de bens, serviços e interesses da União ou de suas entidades autárquicas e empresas públicas, assim como outras infrações cuja prática tenha repercussão interestadual ou internacional e exija repressão uniforme, segundo se dispuser em lei;
>
> [...]
>
> IV – exercer, com exclusividade, as funções **de polícia judiciária** da União.
>
> § 4º Às polícias civis, dirigidas por delegados de polícia de carreira, incumbem, ressalvada a competência da União, as funções de **polícia judiciária** e a **apuração de infrações penais**, exceto as militares. [grifo nosso]

De igual modo, a Lei nº 12.830/2013, ao reafirmar as funções do delegado de polícia, se utiliza dos mesmos termos.

Vejamos:

> Art. 2º As funções de **polícia judiciária** e a **apuração de infrações penais** exercidas pelo delegado de polícia são de natureza jurídica, essenciais e exclusivas de Estado. [grifo nosso]

Por sua vez, o Código de Processo Penal, em seu artigo 4º, previu que a Polícia Judiciária deve ser dirigida por delegado de polícia e possui como mister a apuração das infrações penais, no que se refere à sua autoria, materialidade e circunstâncias.

Vejamos:

Art. 4º A polícia judiciária será exercida pelas autoridades policiais no território de suas respectivas circunscrições e terá por fim a apuração das infrações penais e da sua autoria.

Destaco que todos os artigos acima referidos são fundamentais para a formatação da sua peça prático-profissional, notadamente na parte preambular, onde deverá constar a legitimidade do delegado de polícia para pleitear a medida adequada, levando em consideração as atribuições conferidas legalmente.

1.1.1. Polícia Judiciária x Polícia Investigativa

Percebemos que tanto a Constituição da República quanto a Lei nº 12.830/13 trazem duas expressões, em contextos aparentemente diferentes, para se referir às funções das Polícias Civis e da Polícia Federal. No primeiro caso, as referidas leis, constitucional e infraconstitucional, respectivamente, trazem a expressão "polícia judiciária". Em seguida trazem a expressão "apuração de infrações penais".

Destaca-se que tanto as Polícias Civis quanto a Polícia Federal, exercem duas funções precípuas. Quais sejam:

a) A função de investigar infrações penais, através de inquérito policial ou outro procedimento policial que visa buscar a autoria, materialidade, circunstâncias e motivação do crime;

b) A função de auxiliar o Poder Judiciário no cumprindo de determinações judiciais, como exemplo, no cumprimento de mandado de prisão, de busca e apreensão, etc.

Nessa esteira, existem divergências tanto na esfera doutrinária quanto jurisprudencial em torno das duas expressões acima citadas, tendo aparecido duas correntes relacionadas.

A primeira corrente, minoritária, entende que as expressões "polícia judiciária" e "polícia investigativa", não podem ser confundidas, pois, no primeiro caso, estamos diante da função específica que a polícia tem de prestar auxílio ao Poder Judiciário, enquanto no segundo, a polícia está desempenhando o seu papel principal que é o de coletar elementos acerca da autoria, materialidade e circunstâncias da infração penal.

Para a segunda corrente, majoritária na doutrina e na jurisprudência, e com a qual concordamos, a expressão "polícia judiciária" se refere tanto à função de investigação criminal quanto à função de prestar auxílio ao Poder Judiciário.

2. PRESIDIR INQUÉRITO POLICIAL OU OUTRO PROCEDIMENTO DE POLÍCIA JUDICIÁRIA

Conforme vimos acima, as Polícias Civis e Federal, dirigidas por delegado de polícia de carreira, possuem como função precípua a investigação criminal, consubstanciada pela apuração das infrações penais, no que se refere à sua autoria delitiva, materialidade e circunstâncias.

Diante disso, nos cabe perguntar o seguinte: **por qual meio o delegado de polícia materializa as investigações criminais procedidas?**

Pois bem, cabe ao delegado de polícia, na qualidade de autoridade policial, apurar as infrações penais, através da instauração de inquérito policial ou de outro procedimento de Polícia Judiciária fundado em lei, nos termos do artigo 2º, § 1º, da Lei nº 12.830/13. Vejamos:

> Art. 2º [...]
>
> § 1º Ao delegado de polícia, na qualidade de autoridade policial, cabe a condução da investigação criminal por meio de inquérito policial ou outro procedimento previsto em lei, que tem como objetivo a apuração das circunstâncias, da materialidade e da autoria das infrações penais.

2.1. Investigação por meio de inquérito policial

2.1.1. Conceito e finalidade

É um procedimento investigatório preliminar, presidido pelo delegado de polícia, que tem por finalidade a apuração de infrações penais, através da coleta de elementos e provas que definam a autoria delitiva, as circunstâncias do fato, a sua motivação e a materialidade do crime, contribuindo de maneira essencial para a propositura da ação penal.

Com bastante propriedade o doutrinador Fernando da Costa Tourinho Filho conceitua o inquérito policial como sendo um "conjunto de diligências realizadas pela Polícia Judiciária para a apuração de uma infração penal e sua autoria a fim de que o titular da ação penal possa ingressar em juízo". [1]

2.1.2. Algumas características do inquérito policial

2.1.2.1. Procedimento inquisitório

Em regra, as ações investigativas conduzidas pelo delegado de polícia, dispensam o exercício do contraditório e da ampla defesa, presentes na fase processual.

O direito ao contraditório, em suma, ocorre em audiência bilateral, onde existem as partes adversárias. Na fase de inquérito policial, inexiste parte e acusação formal em desfavor do agente, daí um dos fundamentos da desnecessidade do contraditório e da ampla defesa.

A inquisitoriedade do inquérito policial permite a agilidade nas investigações policiais, trazendo uma otimização no desempenho funcional do delegado de polícia, sendo dispensado nesse caso o contraditório e ampla defesa.[2]

Não obstante tal desnecessidade, é importante observar que o Código de Processo Penal em seu artigo 14, faculta ao investigado, o direito de requerer qualquer diligência na fase

1. TOURINHO FILHO, Fernando da Costa. Processo Penal. São Paulo: Saraiva, 2003. V1, p.192.
2. TÁVORA, Nestor; ALENCAR, Rosmar Rodrigues. Curso de direito processual penal. São Paulo: Editora Juspodivm, 2011, p. 98.

de inquérito policial, estando a sua realização, suscetível ao juízo do delegado de polícia.

Também importa observar o teor do inciso XXI, do artigo 7º, do Estatuto da Ordem dos Advogados do Brasil - EOAB, trazido pela Lei nº 13.245/16, o qual concede o seguinte direito ao advogado do investigado:

> Art. 7º São direitos do advogado:
>
> [...]
>
> XXI - assistir a seus clientes investigados durante a apuração de infrações, sob pena de nulidade absoluta do respectivo interrogatório ou depoimento e, subsequentemente, de todos os elementos investigatórios e probatórios dele decorrentes ou derivados, direta ou indiretamente, podendo, inclusive, no curso da respectiva apuração:
>
> a) apresentar razões e quesitos; [...]

Nesse sentido, podemos concluir que na realidade existe o direito do contraditório e da ampla defesa na fase investigativa, porém, tal direito é dispensável, ou seja, a presença do advogado é uma opção do investigado, não constituindo uma obrigatoriedade.

2.1.2.2. Procedimento sigiloso

Pela sua própria natureza inquisitória, o inquérito policial deve ter caráter sigiloso, não só para preservar as investigações, mas também a intimidade do investigado, não comportando publicidade dos atos que integram o procedimento de apuração.

Nessa esteira, objetivando assegurar a eficácia das investigações, o Código de Processo Penal, dispôs o seguinte:

> Art. 20. A autoridade assegurará no inquérito o sigilo necessário à elucidação do fato ou exigido pelo interesse da sociedade.

É importante ressaltar que o sigilo de atos praticados por funcionários púbicos constitui uma exceção, pois a regra no sistema brasileiro é a publicidade dos atos, conforme previsões trazidas pelo próprio Código de Processo Penal, que está em consonância com a Constituição da República e com o Pacto de São José da Costa Rica.[3]

2.1.2.3. Procedimento escrito

As peças que compõem o inquérito policial, por essência são escritas em decorrência da exigência legal trazida pelo artigo 9º, do Código de Processo Penal. Nesse sentido, o delegado de polícia, deve atentar para que todos os atos no curso das investigações, sejam reduzidos a termo.

Vejamos:

> Art. 9º Todas as peças do inquérito policial serão, num só processado, reduzidas a escrito ou datilografadas e, neste caso, rubricadas pela autoridade.

Inobstante a característica citada acima, atualmente tem se admitido a utilização de gravação audiovisual das inquirições de pessoas, realizadas no curso do Inquérito Policial, visando a otimização e agilidade dos serviços policiais.

2.1.2.4. Procedimento indisponível

Uma vez instaurado o inquérito policial, o delegado de polícia não poderá dispor do mesmo, devendo prosseguir nas investigações até a sua conclusão, com ou sem indiciamento do investigado, ainda que posteriormente constatado que o fato outrora apurado não constitui crime.

---

3. DEZEM, Guilherme Madeira. Curso de processo penal. São Paulo: Revista dos Tribunais, 2016, p.160.

Nesse sentido, o artigo 17, do Código de Processo Penal, dispõe que a autoridade policial não poderá arquivar o inquérito policial, sendo, portanto, indisponível.

2.1.2.5. Procedimento dispensável

Não obstante a essencialidade das investigações policiais, o inquérito policial, excepcionalmente, será dispensável para a propositura da ação penal, quando o representante do Ministério Público, na condição de titular da ação penal, possuir suficientes elementos informativos quanto à autoria e materialidade, que possibilitem ofertar a denúncia.

São vários os preceitos legais, elencados no Código de Processo Penal, que dispõem sobre a dispensabilidade do inquérito policial.

Vejamos:

> Art.12. O inquérito policial acompanhará a denúncia ou queixa, sempre que servir de base a uma ou outra.
>
> Art. 27. Qualquer pessoa do povo poderá provocar a iniciativa do Ministério Público, nos casos em que caiba a ação pública, fornecendo-lhe, por escrito, informações sobre o fato e a autoria e indicando o tempo, o lugar e os elementos de convicção.
>
> Art. 39. O direito de representação poderá ser exercido, pessoalmente ou por procurador com poderes especiais, mediante declaração, escrita ou oral, feita ao juiz, ao órgão do Ministério Público, ou à autoridade policial.
>
> [...]
>
> § 5º O órgão do Ministério Público dispensará o inquérito, se com a representação forem oferecidos elementos que o habilitem a promover a ação penal, e, neste caso, oferecerá a denúncia no prazo de quinze dias.
>
> Art. 46. O prazo para oferecimento da denúncia, estando o réu preso, será de 5 dias, contado da data em que o órgão do Ministério Público receber os autos do inquérito policial, e de 15 dias, se o réu estiver solto ou afiançado. No último caso, se houver devolução do inquérito à autoridade policial (artigo

> 16), contar-se-á o prazo da data em que o órgão do Ministério Público receber novamente os autos.
>
> § 1º Quando o Ministério Público dispensar o inquérito policial, o prazo para o oferecimento da denúncia contar-se-á da data em que tiver recebido as peças de informações ou a representação.

Vale destacar, por fim, que o inquérito policial é dispensável ao representante do Ministério Público e não ao delegado de polícia, pois, em se tratando de crime de ação penal pública, que não seja de menor potencial ofensivo, chegando ao conhecimento da autoridade policial, sua instauração é obrigatória.

2.1.2.6. Procedimento oficial

O delegado de polícia de carreira, investido no cargo por meio de concurso público, na qualidade de autoridade policial e integrante de um órgão do Estado é quem preside o inquérito policial, tendo como atribuição funcional e essencial, a prática de atos de investigação.

2.1.2.7 Procedimento oficioso

O delegado de polícia, na qualidade de autoridade policial, deve atuar de ofício independentemente da vontade das partes, nos crimes em que a ação penal seja pública incondicionada.

> ***Atenção***: é importante lembrar que as instaurações de inquéritos policiais envolvendo crimes de ação penal pública condicionada ou privadas, dependerão de representação ou requerimento, respectivamente, constituindo uma exceção à característica.

2.1.2.8. Discricionariedade

Na realidade a discricionariedade não está relacionada ao inquérito policial, mas ao delegado de polícia, que deve atuar com liberdade nas investigações e de acordo com as peculiaridades do caso concreto, buscando as medidas mais eficientes para a ocasião, porém, sempre observando os limites legais.

Assim, as investigações possuem caráter discricionário em virtude da autoridade policial não ser obrigada a seguir uma sequência predeterminada de atos. "Afinal, não haveria sentido em se engessar a investigação que, no mais das vezes, não ostenta necessariamente linhas comuns". [4]

O artigo 6º, seguido do artigo 7º, ambos do Código de Processo Penal, trouxeram um rol exemplificativo de diligências que poderão ser adotadas pelo delegado de polícia na condução das investigações. Vejamos:

> Art. 6º Logo que tiver conhecimento da prática da infração penal, a autoridade policial deverá:
>
> I – dirigir-se ao local, providenciando para que não se alterem o estado e conservação das coisas, até a chegada dos peritos criminais;
>
> II – apreender os objetos que tiverem relação com o fato, após liberados pelos peritos criminais;
>
> III – colher todas as provas que servirem para o esclarecimento do fato e suas circunstâncias;
>
> IV – ouvir o ofendido;
>
> V – ouvir o indiciado, com observância, no que for aplicável, do disposto no Capítulo III do Título VII, deste Livro, devendo o respectivo termo ser assinado por duas testemunhas que lhe tenham ouvido a leitura;
>
> VI – proceder a reconhecimento de pessoas e coisas e a acareações;
>
> VII – determinar, se for caso, que se proceda a exame de corpo de delito e a quaisquer outras perícias;

4. DEZEM, Guilherme Madeira. Curso de processo penal. São Paulo: Revista dos Tribunais, 2016, p.160.

> VIII – ordenar a identificação do indiciado pelo processo datiloscópico, se possível, e fazer juntar aos autos sua folha de antecedentes;
>
> IX – averiguar a vida pregressa do indiciado, sob o ponto de vista individual, familiar e social, sua condição econômica, sua atitude e estado de ânimo antes e depois do crime e durante ele, e quaisquer outros elementos que contribuírem para a apreciação do seu temperamento e caráter.
>
> X – colher informações sobre a existência de filhos, respectivas idades e se possuem alguma deficiência e o nome e o contato de eventual responsável pelos cuidados dos filhos, indicado pela pessoa presa.
>
> Art. 7º Para verificar a possibilidade de haver a infração sido praticada de determinado modo, a autoridade policial poderá proceder à reprodução simulada dos fatos, desde que esta não contrarie a moralidade ou a ordem pública.

Os artigos 14 e 184, ambos do Código de Processo Penal, também trouxeram questões relacionadas ao poder discricionário do delegado de polícia. Vejamos:

> Art. 14. O ofendido, ou seu representante legal, e o indiciado poderão requerer qualquer diligência, que será realizada, ou não, a juízo da autoridade.
>
> Art. 184. Salvo o caso de exame de corpo de delito, o juiz ou a autoridade policial negará a perícia requerida pelas partes, quando não for necessária ao esclarecimento da verdade.

2.1.3. Formas de instauração

2.1.3.1. Portaria

É a peça inaugural do inquérito policial, lavrada pelo delegado de polícia, visando iniciar investigações policiais em torno de um fato a princípio penalmente relevante.

A portaria poderá ser "baixada" pela autoridade policial, por meio das seguintes formas:

a) De ofício: quando o delegado de polícia, por meio das atividades inerentes ao seu cargo, toma conhecimento da prática de um crime de ação penal pública incondicionada, decidindo pela instauração de inquérito policial, independentemente de provocação.
b) Requisição da autoridade judiciária ou do Ministério Público: quando a notícia de um crime ocorre por intermédio de demanda judicial ou ministerial, determinando a instauração de procedimento para apuração de um fato.
c) Requerimento de instauração (petição): nos crimes de ação penal pública incondicionada, o delegado de polícia poderá instaurar inquérito policial por meio de um requerimento de instauração feito pela vítima ou pessoa que tenha qualidade para representá-la, não se confundindo com o requerimento da vítima na ação penal privada.
d) Notícia oferecida por qualquer pessoa
e) Representação (*delatio criminis postulatória*): nos crimes de ação penal pública condicionada, a instauração do inquérito policial dependerá de representação da vítima ou de seu representante legal.
f) Requerimento: nos crimes de ação penal privada, a instauração do inquérito policial dependerá de requerimento da vítima ou de seu representante legal.

2.1.3.1.1. Formalidades

a) Local onde o fato ocorreu: relevante para uma análise posterior da competência do Juízo que eventualmente irá apreciar alguma representação cautelar feita pelo delegado de polícia.

b) Data e horário onde se deu o fato: relevante para definir o momento da ação ou omissão penalmente relevante, notadamente na questão da imputabilidade penal do agente, que se dá, levando em consideração a teoria da atividade do Direito Penal.

c) Circunstâncias em que foi praticado o fato: relevante para o enquadramento típico do fato a ser apurado, sobretudo no que se refere a qualificadoras, privilegiantes, majorantes ou minorantes.

d) Tipificação: deve constar ainda que provisoriamente, possuindo relevância na espécie de procedimento a ser adotada.

e) Identificação do autor quando possível.

f) Determinação de diligências iniciais.

2.1.3.2. Auto de Prisão em Flagrante Delito

Esta modalidade de instauração de inquérito policial, também chamada de "*notitia criminis de cognição coercitiva*", ocorre quando o agente é capturado em suposta situação flagrancial, sendo conduzido à presença do delegado de polícia que, por sua vez, decidirá de maneira fundamentada acerca da lavratura ou não do auto de prisão em flagrante delito.

Para tal lavratura, o delegado de polícia deve estar convencido da existência da infração penal, dos indícios suficientes de autoria e do estado de flagrância do delito.

Estando presentes tais pressupostos, o delegado de polícia apreenderá, se houver, os produtos e instrumentos do crime e procederá a inquirição formal do condutor da ocorrência, das demais testemunhas e, se possível, da vítima e do conduzido.

Destaca-se que a inquirição do condutor é indispensável, sob pena de ilegalidade do auto, salvo quando o crime for praticado na presença do delegado de polícia ou contra este, no exercício de suas funções, observado o disposto nos artigos 304 e 307, ambos do Código de Processo Penal.

2.1.4. Conclusão

O inquérito policial é concluído por meio de um relatório final elaborado privativamente pelo delegado de polícia, através de um minucioso relato, baseado na sua convicção técnico-jurídica em torno de tudo que foi apurado no curso das investigações, pondo um termo final no procedimento, com ou sem indiciamento do investigado.

2.1.4.1. Formalidades do relatório conclusivo

a) Introdução: o delegado de polícia expõe a forma em que foi instaurado inquérito policial; delimita o fato investigado; tipifica o fato e traz a identificação do investigado e da vítima.

b) Fatos: expõe todas as circunstâncias fáticas que foram colhidas no curso das investigações.

c) Diligências realizadas: o delegado de polícia deve listar todas as diligências realizadas no curso das investigações – inquirições, perícias, etc. – preferencialmente remetendo às páginas onde estas podem ser averiguadas.

d) Conclusão: momento em que o delegado de polícia, expondo a sua convicção técnico – jurídica, encerra os trabalhos investigativos, com ou sem indiciamento do investigando, promovendo o encaminhando do feito à Justiça.

e) Representação por medidas cautelares: no ato de conclusão do inquérito policial, após o fechamento do relatório com indiciamento, estando presentes os requisitos para decretação de medidas cautelares, o delegado de polícia, poderá por elas representar no próprio relatório.

2.1.5. Prazo de conclusão

- Regra geral: 10 dias (se preso) – 30 dias (se solto) – artigo 10, do Código de Processo Penal.
- IP Federal: 15 dias + 15 dias (se preso) – 30 dias (se solto) – artigo 66, da Lei nº 5.010/66.
- Lei de Drogas: 30 + 30 (se preso) – 90 dias + 90 dias (se solto) – artigo 51, da Lei nº 11.343/06.
- Crimes contra a economia popular: 10 dias (se preso) – 10 dias (se solto) – Art. 10, § 1º da Lei 1.521/1951.

2.2. Investigação por meio de outro procedimento previsto em lei

Outros procedimentos citados pela Lei nº 12.830/13, acima referida, se relacionam aos procedimentos diversos do inquérito policial, presididos pelo delegado de polícia, ao exemplo do procedimento de investigação de ato infracional, do termo circunstanciado de ocorrência (TCO) aplicado aos crimes taxados como de menor potencial ofensivo, nos termos da Lei nº 9.099/95, etc..

Os procedimentos adotados em relação ao menor de idade, autor de ato infracional equivalente a crime, podem ser materializados através do auto de apreensão em flagrante de ato infracional (AAFAI) ou boletim de ocorrência circunstanciada (BOC), em se tratando de hipótese flagrancial, ou ainda, do procedimento investigatório de ato infracional, em situações não flagranciais.

O primeiro caso ocorre na hipótese do menor ter praticado um ato infracional equivalente a crime perpetrado mediante violência ou grave ameaça à pessoa, nos termos do que dispõe o artigo 173, da Lei nº 8.069/90.

Por outro lado, o BOC poderá ser lavrado quando o ato infracional praticado pelo menor equivaler a crime praticado sem violência ou grave ameaça à pessoa, conforme dispõe o parágrafo único do mencionado artigo.

No que se refere ao TCO, procedimento de Polícia Judiciária substitutivo do auto de prisão em flagrante delito (APFD), norteado pelos princípios da simplicidade, da economicidade e da celeridade, em observância ao disposto nos artigos 2º e 62, ambos da Lei nº 9.099/95, deve ser adotado nas hipóteses flagranciais de contravenção penal ou de crime a que a lei comine pena máxima não superior a dois anos.

Destaca-se que, não obstante a pena máxima cominada para um crime não ultrapasse dois anos, se este for cometido no âmbito da violência doméstica e familiar contra a mulher, não se deve lavrar TCO, mas sim auto de prisão em flagrante delito, conforme dispostos nos artigos 7º e 41, ambos da Lei nº 11.340/06.

3. REQUISITAR QUAISQUER ELEMENTOS DE INFORMAÇÃO RELEVANTES PARA A INVESTIGAÇÃO

Ao delegado de polícia, na condução das investigações policiais, seja por meio de inquérito ou de outro procedimento de Polícia Judiciária, cabe requisitar toda e qualquer informação relevante para as investigações, excetuadas aquelas cuja Constituição da República confere cláusula de reserva de jurisdição, como por exemplo, a busca domiciliar, a interceptação telefônica, dentre outras, as quais deverão ser decretadas pelo juiz, por intermédio de representação da autoridade policial.

A referida prerrogativa do delegado de polícia, foi conferida pelo legislador através do Código de Processo Penal, notadamente no seu artigo 6º, inciso III, que atribui à autoridade policial o poder de fazer a coleta de toda e qualquer prova que possui relevância para o esclarecimento do fato e de suas circunstâncias.[5]

Vale destacar que tanto a doutrina quanto a jurisprudência, de forma uníssona, entendem que as diligências elencadas nos artigos 6º e 7º, ambos do Código de Processo Penal, são de natureza exemplificativas, sendo defendido que o delegado de polícia pode, diretamente, independentemente de autorização judicial, requisitar informações relevantes para as investigações, desde que estas não exijam prévia autorização judicial.

O poder requisitório do delegado de polícia, ganhou uma especial ênfase com o surgimento da Lei nº 12.830/13, notadamente no disposto em seu artigo 2º, § 2º.

Vejamos:

> Art. 2º [...]
>
> § 2º Durante a investigação criminal, cabe ao delegado de polícia a requisição de perícia, informações, documentos e dados que interessem à apuração dos fatos.

Vale destacar que o referido dispositivo, na realidade, não trouxe nenhuma inovação ao ordenamento jurídico, apenas veio reforçar o que já era previsto no Código de Processo Penal, o que, conforme já dito anteriormente, é o entendimento uníssono da doutrina e da jurisprudência.

---

5. STF, HC 107.644, Rel. Min. Ricardo Lewandowski, DJ 18/10/2011. STJ, RHC 25.475, Rel. Min. Jorge Mussi, DJ 16/09/2010.

É importante observar que a Lei nº 9.613/98, que versa sobre os crimes de lavagem de dinheiro, em seu artigo 17-B, inserido por meio da Lei nº 12.683/12, tratou de forma específica sobre o poder requisitório do delegado de polícia em relação a dados de qualificação pessoal mantidos pela Justiça Eleitoral, pelas empresas de telefonia móvel, instituições financeiras, provedores de internet e administradoras de cartão de crédito.

Vejamos:

> Art. 17-B. A autoridade policial e o Ministério Público terão acesso, exclusivamente, aos dados cadastrais do investigado que informam qualificação pessoal, filiação e endereço, independentemente de autorização judicial, mantidos pela Justiça Eleitoral, pelas empresas telefônicas, pelas instituições financeiras, pelos provedores de internet e pelas administradoras de cartão de crédito.

De maneira similar, a Lei nº 12.850/13, que definiu organização criminosa e trouxe meios de investigação criminal e de obtenção de provas, dispôs em seu artigo 15:

> Artigo 15. O delegado de polícia e o Ministério Público terão acesso, independentemente de autorização judicial, apenas aos dados cadastrais do investigado que informem exclusivamente a qualificação pessoal, a filiação e o endereço mantidos pela Justiça Eleitoral, empresas telefônicas, instituições financeiras, provedores de internet e administradoras de cartão de crédito.

Assim, alertamos o leitor acerca da dispensabilidade de representação quando os elementos desejados pelo delegado de polícia, no interesse da investigação criminal, forem relacionados ao que demonstramos acima, bastando um mero ofício de requisição para obtenção da informação.

Porém, no caso de elementos protegidos constitucionalmente, será imprescindível a representação pela medida cautelar adequada ao caso, conforme veremos adiante.

4. REPRESENTAR POR MEDIDAS CAUTELARES RELEVANTES À INVESTIGAÇÃO

Ao delegado de polícia, no curso das investigações, cabe, quando presentes os requisitos necessários, representar por medidas cautelares adequadas e relevantes para o êxito do trabalho investigativo, diante das peculiaridades do caso concreto.

Na realidade, a representação por medidas cautelares feita pelo delegado de polícia, constitui o cerne principal do nosso estudo, bem como importa, na prática, em um meio de busca de elementos que atestem os indícios de autoria ou participação em crimes.

É importante destacar que para a decretação de qualquer medida cautelar é imprescindível que estejam presentes alguns requisitos essenciais, dentre eles o *fumus comissi delict* e o *periculum libertatis,* este último, no caso de medidas cautelares pessoais, ou o *periculum in mora*, em relação às medidas cautelares probatórias e assecuratórias.

4.1. Medidas cautelares pessoais

As medidas cautelares pessoais são aquelas que estão relacionadas à pessoa do investigado, na fase investigativa, e à pessoa do réu, quando estivermos na fase processual.

É importante destacar que as medidas cautelares pessoais possuem relevância no sentido de salvaguardar as investigações policiais, sempre que houver possibilidade de interferências, por parte do investigado, no curso normal das diligências policiais.

As referidas medidas cautelares que outrora possuíam caráter apenas prisional, sofreram alterações com o advento da Lei nº 12.403/11, passando também a possuir caráter não prisional.

Nesse sentido, podemos encontrar as medidas cautelares prisionais, que consistem na limitação total da liberdade do agente, ou as medidas cautelares não prisionais, que consistem na limitação parcial da liberdade.

4.1.1. Prisionais

Existem três modalidades de medidas cautelares prisionais, as quais são chamadas de prisões cautelares ou provisórias. São estas: a prisão temporária (Lei nº 7.969/89), a prisão preventiva e a prisão para extradição (Lei nº 12.878/13).

Iremos estudar de maneira detalhada as duas primeiras modalidades de prisão cautelar no Capítulo I, do Título III, desta obra.

4.1.2. Não prisionais

Trazidas pela Lei nº 12.403/11, tratam-se de medidas alternativas à prisão (medidas cautelares diversas de prisão), previstas no artigo 319, do Código de Processo Penal, as quais devem ser aplicadas previamente e prioritariamente em relação à decretação de uma prisão preventiva.

4.2. Medidas cautelares probatórias

As medidas cautelares probatórias são aquelas que estão relacionadas ao fato e a sua autoria delitiva, tendo por objetivo a busca de elementos probatórios relevantes e que venham a atestar a autoria ou participação do investigado na infração penal que se encontra sob investigação.

Importante destacar que as medidas cautelares probatórias são aquelas utilizadas pelo delegado de polícia, quando este busca elementos probatórios importantes para o êxito das investigações.

São medidas cautelares de natureza probatória: a interceptação das comunicações telefônicas; a quebra de sigilo de dados telefônicos, bancários e fiscais; a busca e apreensão; a infiltração de agente; a ação controlada, dentre outras.

4.3. Medidas cautelares assecuratórias (reais)

São aquelas que incidem sobre bens móveis ou imóveis do investigado, restringindo a sua utilização e objetivando assegurar uma posterior restituição dos bens adquiridos com os proventos do crime (objetos indiretos do crime), como no caso da medida cautelar de sequestro de bens.

5. PROMOVER O INDICIAMENTO EM FACE DO INVESTIGADO

O indiciamento é um ato privativo do delegado de polícia, baseado nos elementos informativos que foram colhidos no curso das investigações policiais, pelo qual se busca atribuir a autoria delitiva de um fato criminoso a uma pessoa, demonstrar a materialidade e delinear as circunstâncias em o fato ocorreu.

Nas palavras do professor Renato Brasileiro "indiciar é atribuir a autoria (ou participação) de uma infração penal a uma pessoa. É apontar uma pessoa como provável autora ou partícipe de um delito". [6]

O indiciamento poderá ocorrer em qualquer momento da investigação, desde a instauração do inquérito policial por meio de portaria ou de auto de prisão em flagrante delito até a conclusão do procedimento por meio de relatório final, em qualquer caso, condicionado a indícios suficientes de autoria e prova da materialidade do fato.

6. LIMA. Renato Brasileiro. Manual de Processo Penal. São Paulo: Editora Juspodivm, 2016, p. 165.

5.1. Espécies

5.1.1. Direto

Quando o indiciado se encontra presente no curso das investigações.

5.1.2. Indireto

Quando o indiciado se encontra ausente no curso das investigações (foragido).

5.2. Consequências

Com o indiciamento há uma modificação no *status* do agente, o qual deixa de ocupar a posição de mero suspeito ou investigado e passa a ocupar a posição de indiciado, lhe sendo assegurado todas as garantias constitucionais inerentes.

TÍTULO II

DOS ASPECTOS PRÁTICOS

I

SISTEMATIZAÇÃO LÓGICA DAS PEÇAS PRÁTICO-PROFISSIONAIS DO CARGO DE DELEGADO DE POLÍCIA

Um dos maiores obstáculos a ser rompido, principalmente pelos candidatos ao concurso de delegado de polícia que se encontram na fase subjetiva, quando são cobradas peças prático-profissionais, é identificar a peça adequada ao caso proposto pela banca do concurso público.

No mais das vezes, há o conhecimento jurídico adequado acerca da formatação das peças prático-profissionais inerentes ao cargo de delegado de polícia, porém, verificamos que tal conhecimento se esbarra na dificuldade de individualizar aquela que seria apropriada ao caso concreto.

Pois bem, nesse capítulo, nos importa entender logicamente o caminho prático a ser percorrido para alcançar os objetivos investigativos almejados, através da instrumentalização correta da peça oportuna às investigações, sempre levando em consideração as peculiaridades do caso proposto.

O melhor método para identificar com exatidão a medida mais adequada ao caso, alcançando assim os objetivos da investigação policial, é observar os detalhes narrados na questão e procurar identificar os pontos-chaves, através de algumas indagações lógicas que deverão ser perquiridas pelo candidato, em consonância com as características de cada banca, as quais iremos estudar adiante.

São estas:

1. QUAL O CRIME INVESTIGADO NO CASO CONCRETO?

Esse é o primeiro passo que deve ser seguido ao nos deparar com a questão trazida. Deve-se identificar de imediato o crime investigado, pois isso trará um direcionamento acerca da peça mais adequada, pois, dependendo do tipo de crime, restarão descartadas algumas modalidades de peças cautelares, conforme veremos adiante.

Nesse sentido, devemos sempre nos ater ao crime investigado, o qual nos permitirá fazer uma avaliação prévia sobre as possibilidades, nos trazendo uma visão inicial do caminho a ser seguido.

> ***Atenção***: todas as medidas cautelares possuem requisitos indispensáveis para o seu cabimento, dentre eles o tipo de crime investigado, ao exemplo da medida cautelar de prisão temporária, a qual só será cabível nos crimes elegidos no rol taxativo trazido pela Lei nº 7.960/89, ampliado pela Lei nº 8.072/90, bem como na medida cautelar de interceptação telefônica, a qual só será decretada, além de outros requisitos, se o crime for punido com pena de reclusão.

2. EM QUE FASE SE ENCONTRA A INVESTIGAÇÃO?

Muita atenção para essa indagação lógica, tendo em vista que a sua resposta irá delimitar ainda mais a medida a ser tomada pelo delegado de polícia no curso das investigações policiais, pois, diante das circunstâncias trazidas pela questão e, diante das diligências já realizadas, teremos um direcionamento ainda mais preciso da medida mais acertada a ser tomada naquele momento, evidentemente, observando outros pontos relevantes, onde um deles será visto adiante.

> ***Atenção:*** para a decretação da medida cautelar de interceptação telefônica, deverá constar no caso trazido, a informação de que houve exaurimento dos meios comuns de investigação policial, ainda que esta se encontre no início, pois, para se demonstrar o exaurimento, basta que os outros meios se demonstrem inviáveis (ineficientes) para se alcançar a autoria delitiva.

> ***Atenção:*** Vale destacar ainda que, havendo exaurimento da interceptação telefônica ou ambiental, surge a oportunidade da medida cautelar de infiltração de agente, que é a última a ser tomada, levando em consideração as nuances trazidas pelo caso concreto.

3. O QUE O DELEGADO DE POLÍCIA BUSCA PARA O ÊXITO DAS INVESTIGAÇÕES?

Trata-se da última e mais relevante indagação para que, finalmente, seja encontrada a peça exata a ser apresentada no caso concreto, de acordo com os objetivos buscados no inquérito policial.

A questão concreta sempre mostrará indicativos acerca do objetivo pretendido pelo delegado de polícia em representar por alguma medida cautelar adequada e satisfatória ao caso, possibilitando enxergar a ação mais acertada.

Assim, caso conste na questão, por exemplo, que se pretende buscar alguma medida que assegure (proteja) o curso das investigações para que esta seja exitosa, sem interferência externa do investigado, pensaremos, em regra, numa medida cautelar pessoal, prisional ou não prisional.

Se restar demonstrado que estamos diante de uma investigação mais complexa, envolvendo, por exemplo, um grupo criminoso organizado, que requer uma diligência cautelar mais especifica, objetivando buscar elementos de prova importantes ao inquérito policial e futuro processo, os quais não podem ser obtidos por outros meios extrajudiciais, há um forte indicativo de que a medida mais adequada será alguma cautelar de natureza probatória, ao exemplo da interceptação das comunicações telefônicas, da busca domiciliar, etc.

> ***Atenção:*** Não podemos confundir a medida cautelar de busca domiciliar com a cautelar de sequestro de bens, pois na primeira, o objetivo do delegado de polícia é buscar provas (medida cautelar probatória), enquanto na segunda, o objetivo é assegurar o ressarcimento de bens adquiridos pelo investigado com os proventos do crime (medida cautelar assecuratória).

Nesse sentido, com base nas informações trazidas pelo caso concreto, devemos ficar atentos ao objetivo pretendido pelo delegado de polícia para que a investigação policial seja exitosa.

II

FORMATAÇÃO DAS PEÇAS PRÁTICO-PROFISSIONAIS DO CARGO DE DELEGADO DE POLÍCIA

Após a identificação correta da peça oportuna ao caso concreto, com base nas explicações trazidas no capítulo anterior, nos importa saber, nesse momento, a sua formatação correta, para que, antes de iniciarmos o estudo profundo e individualizado de cada peça, saibamos avaliar a sua formatação básica acertada.

Assim, nesse capítulo, buscaremos tratar sobre a estrutura padrão das peças prático-profissionais, para que possamos compreendê-las com base na sequência adiante exposta.

1. DICAS BÁSICAS SOBRE A FORMATAÇÃO DAS PEÇAS PRÁTICO-PROFISSIONAIS

a) Respeitar as margens da folha de resposta fornecida na prova e a quantidade de linhas indicadas, pois escrever fora dos limites pode caracterizar identificação da peça e causar a exclusão do candidato do concurso público;

b) Quando utilizar expressões em língua diversa do português não sublinhar ou escrever em caixa alta, usar aspas;

c) Não inventar dados ao caso hipotético, ater-se ao fornecido pela banca, pois inserir dados também pode caracterizar identificação da peça;

d) Não assinar a peça prático-profissional, pois caracterizará identificação da peça;

e) Não abreviar, sublinhar ou destacar palavras. Enfim, não fazer nada que possa ser interpretado como identificação da peça;

f) Tentar citar os principais artigos legais que fundamentam a legitimidade do delegado de polícia para representar, requisitar ou formular a peça prático-profissional, bem como as normas que fundamentam a própria medida, pois isso sempre garante pontos;

g) Buscar sempre ser claro e sucinto na elaboração da peça prático-profissional, mas inserindo os requisitos essenciais. Tentar se lembrar dos termos legais da fundamentação jurídica.

h) economizar o máximo de linhas possíveis, objetivando fundamentar amplamente a medida dentro dos parâmetros de linhas exigidos pelas bancas.

2. ETAPAS PARA A FORMATAÇÃO DAS PEÇAS PRÁTICO-PROFISSIONAIS

2.1. Endereçamento

Nessa etapa deve-se promover o endereçamento ao Juízo competente para apreciar a representação do delegado de polícia, nos seguintes termos:

1) EXCELENTÍSSIMO SENHOR JUIZ DE DIREITO DA___ VARA CRIMINAL DA COMARCA DE __________.

2) EXCELENTÍSSIMO SENHOR JUIZ FEDERAL DA ___ VARA FEDERAL CRIMINAL DA SEÇÃO JUDICIÁRIA DE__________.

3) EXCELENTÍSSIMO SENHOR DESEMBARGADOR RELATOR DA ____ CÂMARA CRIMINAL DO TRIBUNAL DE JUSTIÇA ______

4) EXCELENTÍSSIMO SENHOR DESEMBARGADOR FEDERAL RELATOR DA ____ TURMA DO TRIBUNAL REGIONAL FEDERAL DA_____ REGIÃO

Atenção: a Justiça Estadual é dívida em Comarcas, enquanto a Justiça Federal é dívida em Seções, devendo tal informação constar no endereçamento.

Atenção: nos casos em que o investigado seja possuidor de foro por prerrogativa de função, devemos endereçar a representação ao Tribunal ou Superior Tribunal, competente, de acordo a função exercida pelo investigado.

2.2. Referência

Nessa etapa deveremos indicar o número do inquérito policial e/ou do processo, caso o inquérito já tenha sido tombado na Justiça Estadual ou Federal. Vejamos:

1) Inquérito Policial nº ____/____.

2) Inquérito Policial nº ____/____ – ___ DP/Estado.

3) Processo nº _________________ – ___ Vara Criminal da Comarca __________.

2.3. Preâmbulo

Aqui, devemos expor a nossa apresentação acerca da medida representada pelo delegado de polícia, através do padrão presente em toda e qualquer peça prático-profissional, ressaltando a legitimidade do representante (delegado de polícia, na qualidade de autoridade policial) para pleitear tal medida.

O delegado de polícia infrassignatário, representando a Polícia Civil de _________, no uso de suas atribuições constitucionais e legais, conferidas pelos artigo 144, § 4º, da Constituição da República, artigo 2º, § 1º, da Lei nº 12.830/13, artigo 4º, "caput", do Código de Processo Penal, e pelo artigo __________ (citar o artigo específico relacionado à peça), vem a Vossa Excelência, representar pela __________ (medida cautela adequada), pelas razões fáticas e jurídicas a seguir expostas:

O delegado de polícia federal infrassignatário, representando a Polícia Federal, no uso de suas atribuições constitucionais e legais, conferidas pelos artigo 144, § 1º, incisos I e IV, da Constituição da República, artigo 2º, § 1º, da Lei nº 12.830/13, artigo 4º, "caput", do Código de Processo Penal, e pelo artigo __________ (citar o artigo específico relacionado à peça), vem a Vossa Excelência, representar pela __________ (medida cautela adequada), pelas razões fáticas e jurídicas a seguir expostas:

2.4. Fatos

Nesse ponto deveremos narrar de maneira sucinta e precisa os fatos trazidos pela questão.

Para uma melhor narrativa, de forma clara e precisa, devemos responder as seguintes perguntas:

a) ***Qual foi o crime que ocorreu?*** – *Devemos tratar sobre o crime que ocorreu. Ex.: Trata-se de inquérito* *policial instaurado para apurar o crime de homicídio praticado mediante emboscada .... (detalhar os fatos).*

b) ***Quando ocorreu?*** *– Devemos dar continuidade ao primeiro ponto, relacionando o crime ao tempo em que foi praticado. Ex.: .... crime de homicídio praticado mediante emboscada, ocorrido na madrugada do dia __/__/___ ....*

c) ***Local em que ocorreu?*** *– Dando prosseguimento aos fatos, deveremos inserir o local exato onde ocorreu o crime, visando sobretudo atribuir a competência que irá definir o endereçamento correto. Ex.: .... ocorrido na madrugada do __/__/___, no interior de um estabelecimento comercial, situado na Rua ....*

d) ***Quem são os envolvidos (vítima, suspeitos, testemunhas)?*** *– Devemos indicar as pessoas envolvidas diretamente e indiretamente no fato. Ex.: .... situado na Rua ...., onde figurou como vítima a pessoa ...., como investigado a pessoa ...., crime este, presenciado pelas testemunhas ...., as quais foram ameaçadas pelo investigado no momento da investida criminosa ....*

e) ***Qual a motivação?*** *– Deixar clara a motivação do crime, ou seja, o objetivo/a intenção do investigado ao praticá-lo, fator de grande relevância para definir o tipo de crime ocorrido (latrocínio ou homicídio, por exemplo), bem como a presença de qualificadoras, majorantes, etc.*

f) ***outras informações relevantes*** *– a depender do caso proposto.*

2.5. Fundamentos Jurídicos

2.5.1. Prática delituosa

É de suma importância destacar na sua representação a tipificação do crime que está sendo investigado, bem como suas peculiaridades, se houve consumação, se foi uma mera tentativa, se há majorantes, minorantes, qualificadoras, etc.

Isso visa demonstrar se o crime e quantidade de pena prevista para este, levando em consideração todas as nuances acima expostas, são adequados aos pressupostos da medida cautelar a ser representada pelo delegado de polícia.

Também é importante destacar as hipóteses envolvendo concurso de agentes na prática do fato criminoso, para definir se estaremos diante de uma organização ou associação criminosa, pois poderá surgir a possibilidade de representação por algumas medidas cautelares específicas nesse sentido.

2.5.2. Cabimento

É importante fazer uma ligação entre a prática delituosa e o cabimento da medida cautelar, sendo uma das exigências legais, dentre outras, o tipo de crime investigado, que estará ou não, suscetível à decretação de determinada medida pleiteada. Ademais, a espécie de crime também acarretará a variação do prazo de duração de algumas medidas.

A título de exemplo, podemos citar o instituto da prisão temporária, prevista na Lei nº 7.960/89, que só poderá ser decretada se o crime investigado estiver previsto no rol taxativo trazido pela referida Lei, que foi ampliado pela Lei dos Crimes Hediondos (8.072/90). Ainda, haverá diferença no prazo de duração da prisão temporária em se tratando de crimes hediondos ou equiparados.

2.5.3. Requisitos cautelares

Nessa etapa cumpre destacar a presença dos requisitos cautelares para a decretação da medida desejada pelo delegado de polícia.

Um dos requisitos cautelares é o *fumus comissi delicti*, o qual estará caracterizado quando houver indícios razoáveis de autoria ou participação em infração penal e a demonstração da existência desta última.

Outro requisito cautelar é o *periculum libertatis*, presente nas medidas cautelares de natureza pessoal, o qual restará configurado, em linhas gerais, quando a liberdade do investigado trouxer risco concreto de impedir ou obstaculizar o andamento exitoso das investigações.

Por outro lado, temos também como requisito cautelar, relacionado às demais medidas, o *periculum in mora*, presente sempre quando a mora da não decretação da medida cautelar adequada, propiciar grande prejuízo às investigações, no que se refere à colheita de elementos de prova, em se tratando de medida cautelar de caráter probatório, ou no risco de não ressarcimento do prejuízo causado pelo agente à vítima ou ao erário, em decorrência da prática do crime investigado, em se tratando de medida cautelar assecuratória.

2.6. Pedidos (Representações)

Nessa etapa, o delegado de polícia, por meio de representação (não requerimento), deve pedir de forma simples e direta o que pretende buscar com a medida pleiteada.

Diante do exposto, presentes os requisitos legais autorizadores da medida, entre os quais a evidência da materialidade e indícios suficientes de autoria do crime, além da fundada

necessidade da medida, nos termos dos artigos__________ represento pela decretação da __________.

2.7. Fechamento

Nessa fase, que encerra a representação, o delegado de polícia deverá pedir o deferimento da medida, colocar o local e data, além de "nome" e "matrícula".

Atenção: na prática, o delegado de polícia deve assinar ao final da representação, porém, nos concursos públicos, muitos candidatos esquecem que **não devem assinar ou apresentar qualquer sinal que de alguma forma os identifiquem**, sob pena de atribuição de nota zero. Nesse sentido, deve ser inserida apenas a expressão "Delegado de Polícia", conforme exposto adiante.

Nestes termos, pede e espera deferimento.

Cidade, ___ de __________ de ______.

Delegado de Polícia

3. MODELO BÁSICO DE PEÇA

EXCELENTÍSSIMO SENHOR JUIZ DE DIREITO DA ___ VARA CRIMINAL DA COMARCA DE __________.

Inquérito Policial nº ____/____.

ou

Inquérito Policial nº ____/____ – ___ DP/Estado.

ou

Processo nº ___________________ – ___ Vara Criminal da Comarca _____.

O delegado de polícia infrassignatário, representando a Polícia Civil de __________, no uso de suas atribuições constitucionais e legais, conferidas pelo artigo 144, § 4º, da Constituição da República, artigo 2º, § 1º, da Lei nº 12.830/13, artigo 4º, "caput", do Código de Processo Penal, e pelo artigo _________ (citar o artigo específico relacionado à peça), vem a Vossa Excelência, representar pela _________ (medida cautelar), pelas razões fáticas e jurídicas a seguir expostas:

I – DOS FATOS

Os presentes autos de inquérito policial instaurado para apurar _________.

Qual foi o crime que ocorreu? Quando ocorreu? Local em que ocorreu? Quem são os envolvidos (vítima, suspeitos, testemunhas)? Qual a motivação? Outras informações relevantes.

II – DOS FUNDAMENTOS JURÍDICOS

a) prática delituosa.

b) cabimento.

c) requisitos cautelares

III – DOS PEDIDOS

Diante do exposto, presentes os requisitos legais autorizadores da medida, entre os quais a evidência da materialidade e indícios suficientes de autoria do crime, além da fundada necessidade da medida, nos termos dos artigos _________ represento pela decretação da __________.

Nestes termos, pede e espera deferimento.

Cidade, ___ de __________ de ______.

Delegado de Polícia

TÍTULO III

DAS PEÇAS PRÁTICO-PROFISSIONAIS

I

MEDIDAS CAUTELARES DE NATUREZA PESSOAL

1. REPRESENTAÇÃO PELA PRISÃO TEMPORÁRIA

1.1. Conceito e natureza jurídica

A prisão temporária é uma medida cautelar constritiva de liberdade, de natureza pessoal, possuindo prazo prefixado em lei, utilizada exclusivamente durante as investigações policiais, em face de crimes especificados taxativamente na Lei nº 7.960/89.

O objetivo da prisão temporária é salvaguardar as investigações de eventuais prejuízos que possam ser causados pelo investigado que se encontra em liberdade no curso do inquérito policial.

Destaca-se que a prisão temporária ingressou no nosso ordenamento jurídico por força da Medida Provisória nº 111/89, o que veio a gerar controvérsias doutrinárias acerca da sua constitucionalidade, levando em consideração a vedação constitucional trazida pelo artigo 62, § 1º, alínea *b*, da Constituição da República.

Na lição trazida por Maria Lúcia Karam, a prisão temporária, "tratando-se de instrumento de coerção pessoal, a atingir o direito de liberdade, não poderia ser objeto de medida provisória, mas tão somente de lei em sentido estrito". [1]

Não obstante tal discussão, nos importa saber que a prisão temporária foi considerada constitucional pelo Superior Tribunal Federal - STF, através da ADIN nº 162, portanto, devemos compreendê-la e saber utilizá-la formalmente diante do caso concreto.

1.2. Fundamento constitucional

A nossa Constituição da República traz hipóteses gerais sobre a decretação da prisão provisória, seja ela temporária ou preventiva, desde que presentes os requisitos constitucionais e infraconstitucionais necessários para sua concessão legal. Vejamos o que dispõe o artigo 5º, inciso LXI, da norma Constitucional:

> Art. 5º [...]
>
> LXI – ninguém será preso senão em flagrante delito ou por ordem escrita e fundamentada de autoridade judiciária competente, salvo nos casos de transgressão militar ou crime propriamente militar, definidos em lei.

1.3. Legitimidade

O artigo 2º, da Lei nº 7.960/89, traz a figura da autoridade policial, no desempenho de suas funções de Polícia Judiciária, como pessoa legítima para representar ao juiz competente pela decretação da prisão temporária.

Vejamos:

> Art. 2º A prisão temporária será decretada pelo Juiz, em face da representação da autoridade policial ou de requerimento do

1. KARAM, Maria Lúcia. Prisão e liberdade processuais. Revista Brasileira de Ciências Criminais 02/1993, p. 88.

> Ministério Público, e terá o prazo de 5 (cinco) dias, prorrogável por igual período em caso de extrema e comprovada necessidade.
>
> § 1° Na hipótese de representação da autoridade policial, o Juiz, antes de decidir, ouvirá o Ministério Público.

É importante lembrar que a legitimação do delegado de polícia para representação da mencionada medida cautelar, compõe parte do preâmbulo da peça prático-profissional, conforme estudamos no Capítulo II, do Título II, da presente obra.

> ***Atenção:*** para a decretação da prisão temporária é indispensável parecer do representante do Ministério Público, devendo constar tal exigência no pedido formulado pelo delegado de polícia.

1.4. Prazo da medida

- 5 dias + 5 dias (regra) – artigo 2º, da Lei nº 7.960/89.
- 30 dias + 30 dias (crimes hediondos e equiparados) – artigo 2º, § 4º, da Lei nº 8.072/90.

1.5. Cabimento

O cabimento da presente medida cautelar está relacionado aos crimes que admitem (requisito de admissibilidade) a sua decretação, previstos no rol taxativo, do artigo 1º, da Lei nº 7.960/89.

Vejamos:

> Art.1º [...]
>
> III-quando houver fundadas razões, de acordo com qualquer prova admitida na legislação penal, de autoria ou participação do indiciado **<u>nos seguintes crimes</u>**:
>
> homicídio doloso (artigo 121, caput, e seu § 2°);

b) seqüestro (sic) ou cárcere privado (artigo 148, caput, e seus §§ 1° e 2°);

c) roubo (artigo 157, caput, e seus §§ 1°, 2° e 3°);

d) extorsão (artigo 158, caput, e seus §§ 1° e 2°);

e) extorsão mediante sequestro (sic) (artigo 159, caput, e seus §§ 1°, 2° e 3°);

f) estupro (artigo 213, caput, e sua combinação com o artigo 223, caput, e parágrafo único);

g) atentado violento ao pudor (artigo 214, caput, e sua combinação com o artigo 223, caput, e parágrafo único);

h) rapto violento (artigo 219, e sua combinação com o artigo 223 caput, e parágrafo único);

i) epidemia com resultado de morte (artigo 267, § 1°);

j) envenenamento de água potável ou substância alimentícia ou medicinal qualificado pela morte (artigo 270, caput, combinado com artigo 285);

l) quadrilha ou bando (artigo 288), todos do Código Penal;

m) genocídio (arts. 1°, 2° e 3° da Lei n° 2.889, de 1° de outubro de 1956), em qualquer de suas formas típicas;

n) tráfico de drogas (artigo 12 da Lei n° 6.368, de 21 de outubro de 1976);

o) crimes contra o sistema financeiro (Lei n° 7.492, de 16 de junho de 1986).

p) crimes previstos na Lei de Terrorismo. [grifo nosso]

Atenção: deverá ser demonstrado, indispensavelmente, na fundamentação jurídica, que o crime investigado se encontra previsto no rol taxativo trazido pela Lei nº 7.960/89.

Atenção: o crime de quadrilha ou bando, previsto na alínea l, do artigo 1º, inciso III, da mencionada Lei, teve seu "nomen juris" e a redação alterados pela Lei nº 12.850/13, passando a se chamar de associação criminosa e exigir a união de pelo menos três pessoas, porém, permanece no mesmo artigo do Código Penal, sendo passível de decretação de prisão temporária, pois no referido rol taxativo trazido pela Lei nº 7.960/89, consta o artigo 288, do Código Penal.

Atenção: o crime de organização criminosa, tipificado ao teor do artigo 2º, da Lei 12.850/13, não se encontra no rol taxativo da Lei nº 7.960/89, logo não é passível de decretação de prisão temporária. Apesar da ausência de proporcionalidade e razoabilidade, não podemos, neste caso, superar a garantia da legalidade que impõe a taxatividade do rol dos crimes passíveis de decretação de prisão temporária, e admitir a sua decretação ao crime de organização criminosa.

Atenção: crimes muito comuns de serem cobrados em provas (furto, estelionato, apropriação indébita e receptação) não são passíveis de decretação de prisão temporária, porém, se tais crimes forem praticados por associações criminosas, será admitida, conforme vimos anteriormente.

Pergunta: É possível a decretação da prisão temporária em crimes que se encontram fora do rol taxativo da Lei nº 7.960/89?

Resposta: Sim, o rol trazido pela Lei nº 7.960/89, que prevê os crimes passíveis de decretação de prisão temporária é taxativo, mas não é exaustivo, sendo passível a sua decretação também nos crimes hediondos e equiparados, conforme previsto no artigo 2º, § 4º, da Lei nº 8.072/90.

Vejamos:

> Art. 2º [...]
>
> § 4º A prisão temporária, sobre a qual dispõe a Lei no 7.960, de 21 de dezembro de 1989, nos crimes previstos neste artigo, terá o prazo de 30 (trinta) dias, prorrogável por igual período em caso de extrema e comprovada necessidade.

Nessa esteira, o mencionado parágrafo do artigo citado acima, ampliou o rol dos crimes trazidos pela Lei de Prisão

Temporária, ou seja, também será cabível a prisão temporária em relação a todos os crimes hediondos e equiparados, pelo prazo de 30 dias, prorrogável por mais 30 dias.

> ***Atenção:*** quando o examinador deixar a entender que o inquérito policial está no início e que o crime investigado é rotulado como hediondo ou equiparado, além de demonstrar que será essencial alguma medida para salvaguardar as investigações, há um forte indicativo de que será cobrada a prisão temporária, observado o prazo especial para o referido tipo de crime.

Vale expor o rol dos crimes hediondos trazidos pelo artigo 1º, da Lei nº 8.072/90, além dos crimes de tráfico de entorpecentes, tortura e terrorismo, que são equiparados.

Vejamos:

> Art. 1º São considerados hediondos os seguintes crimes, todos tipificados no Decreto-Lei no 2.848, de 7 de dezembro de 1940 – Código Penal, consumados ou tentados:
>
> I – homicídio (artigo 121), quando praticado em atividade típica de grupo de extermínio, ainda que cometido por um só agente, e homicídio qualificado (artigo 121, § 2º, incisos I, II, III, IV, V, VI e VII);
>
> I-A – lesão corporal dolosa de natureza gravíssima (artigo 129, § 2º) e lesão corporal seguida de morte (artigo 129, § 3º), quando praticadas contra autoridade ou agente descrito nos arts. 142 e 144 da Constituição Federal, integrantes do sistema prisional e da Força Nacional de Segurança Pública, no exercício da função ou em decorrência dela, ou contra seu cônjuge, companheiro ou parente consanguíneo até terceiro grau, em razão dessa condição;
>
> II – latrocínio (artigo 157, § 3º, *in fine*);
>
> III – extorsão qualificada pela morte (artigo 158, § 2o);
>
> IV – extorsão mediante seqüestro (sic) e na forma qualificada (artigo 159, *caput*, e §§ lº, 2º e 3º);
>
> V – estupro (artigo 213, *caput* e §§ 1º e 2º);

VI – estupro de vulnerável (artigo 217-A, *caput* e §§ 1º, 2º, 3º e 4º);

VII – epidemia com resultado morte (artigo 267, § 1º).

VII-B – falsificação, corrupção, adulteração ou alteração de produto destinado a fins terapêuticos ou medicinais (artigo 273, *caput* e § 1º, § 1º-A e § 1º-B, com a redação dada pela Lei nº 9.677, de 2 de julho de 1998).

VIII – favorecimento da prostituição ou de outra forma de exploração sexual de criança ou adolescente ou de vulnerável (artigo 218-B, *caput*, e §§ 1º e 2º).

Parágrafo único. Consideram-se também hediondos o crime de genocídio previsto nos arts. 1º, 2º e 3º da Lei nº 2.889, de 1o de outubro de 1956, e o de posse ou porte ilegal de arma de fogo de uso restrito, previsto no artigo 16 da Lei nº 10.826, de 22 de dezembro de 2003, todos tentados ou consumados.

Em síntese:

– Artigo 1º, III, da Lei nº 7.960/89. – Artigo 1º, da Lei nº 8.072/90. – 3T (tráfico, tortura e terrorismo).	·········➤	CABÍVEL DECRETAÇÃO DE PRISÃO TEMPORÁRIA

1.6. Requisitos cautelares

1.6.1. Periculum libertatis

Em linhas gerais o presente requisito se refere ao fato da liberdade do investigado constituir uma ameaça para as investigações policiais, ou seja, configurar um risco de prejuízos ao andamento do inquérito policial.

Tal requisito, no que se refere à prisão temporária, está previsto no artigo 1º, incisos I e II, da Lei nº 7.960/89.

Vejamos:

Art. 1º Caberá prisão temporária:

I – quando imprescindível para as investigações do inquérito policial;

> II – quando o indiciado não tiver residência fixa ou não fornecer elementos necessários ao esclarecimento de sua identidade;

No primeiro inciso consta que a prisão temporária será viável quando a prisão do investigado for imprescindível para as investigações, se relacionando à necessidade da custódia cautelar para garantir uma investigação sem interferências, como no caso do investigado ou indiciado encontrar-se aliciando testemunhas, ocultando provas, quando imprescindível para proceder reconhecimento de pessoa, etc.

Para o doutrinador Aury Lopes Jr., o *periculum libertatis* na prisão temporária acaba sendo distorcido para atender à imprescindibilidade para as investigações do inquérito policial. [2]

Não obstante o posicionamento do referido doutrinador, nos importa entender que, havendo necessidade pela imprescindibilidade da prisão do agente, visando garantir as investigações, estaremos diante de um dos requisitos para a decretação da prisão temporária.

No segundo caso, previsto no inciso II, do mencionado artigo, temos que a prisão será necessária quando o investigado ou indiciado, não possuir residência fixa ou não fornecer elementos essenciais para sua identificação. É o caso, por exemplo, de moradores de rua viciados em drogas, que praticaram algum crime referido no rol autorizador do decreto prisional, constante no inciso III.

1.6.2. *Fumus comissi delicti*

O presente requisito encontra-se previsto no inciso III, do artigo 1º da mencionada Lei e diz respeito aos indícios suficientes de autoria ou participação nos crimes previstos nas hipóteses do rol já comentado.

---

2. JÚNIOR. Aury Lopes. Direito Processual Penal. São Paulo: Editora Saraiva, 2014, p. 643

Vejamos o que dispõe o referido dispositivo penal:

> Art. 1º [...]
>
> III – quando houver **fundadas razões**, de acordo com qualquer prova admitida na legislação penal, de **autoria ou participação do indiciado** nos seguintes crimes:

Vale destacar, que para Guilherme de Souza Nucci, fundadas razões vêm antes dos indícios suficientes de autoria, sendo algo mais frágil, pois a prisão temporária substitui a antiga prisão para averiguação. Caso a lei exigisse indícios de autoria e prova da materialidade, seria cabível a preventiva e não a prisão temporária. [3]

Vale destacar que tal posicionamento é isolado, devendo prevalecer como requisito para decretação da prisão temporária, indícios de autoria, citado pelo legislador como fundadas razões.

Atenção: Apesar de haver divergências, prevalece que é necessária apenas a combinação de dois, dos três incisos, para haver a decretação da prisão temporária, porém, o inciso III deverá está sempre presente. Nesse sentido, ***há a necessidade da combinação dos incisos I e III, ou dos incisos II e III, do artigo 1°, da Lei n° 7.960/89***.

Atenção: Esses requisitos devem ser minuciosamente apresentados na peça cautelar, notadamente na fundamentação jurídica. É nesse ponto que deverá ser demonstrada a necessidade da privação da liberdade do investigado, por tratar-se de um caso excepcional.

3. NUCCI. Guilherme de Souza. Leis penais e processuais penais comentadas. São Paulo: Revistas dos tribunais, 2007, p. 928

1.7. Modelo básico da peça

EXCELENTÍSSIMO SENHOR JUIZ DE DIREITO DA ___ VARA CRIMINAL DA COMARCA DE __________.

Inquérito Policial nº ____/____.

O delegado de polícia infrassignatário, representando a Polícia__________, no uso de suas atribuições constitucionais e legais, conferidas pelos artigos __________, vem a Vossa Excelência, representar pela decretação da prisão temporária de __________ (nome do representado), pelas razões fáticas e jurídicas a seguir expostas:

I – DOS FATOS

Qual foi o crime que ocorreu? Quando ocorreu? Local em que ocorreu? Quem são os envolvidos (vítima, suspeitos, testemunhas)? Qual a motivação? Outras informações relevantes.

II – DOS FUNDAMENTOS JURÍDICOS

a) prática delituosa – demonstrar o crime praticado.

b) cabimento – demonstrar que o crime se encontra previsto no rol taxativo da Lei n° 7.960/89 ou da Lei n° 8.072/90.

c) requisitos cautelares – demonstrar que estão presentes, todos os requisitos cautelares relativos ao "fumus comissi delicti" e "periculum libertatis", os quais consistem nas seguintes combinações normativas: incisos I e III, ou incisos II e III, do artigo 1°, da Lei n° 7.960/89.

III – DOS PEDIDOS

Diante do exposto, presentes os requisitos legais autorizadores da medida, com base nos artigos 1º, incisos I, e III ou II e III, e 2º, "caput", ambos da Lei nº 7.960/89 (e/ou artigo 1º, da Lei nº 8.072/90), represento pela decretação da prisão temporária de __________(nome do investigado), pelo prazo de _____ (5 ou 30) dias, após ouvido o membro do Ministério Público.

Nestes termos, pede e espera deferimento.

Cidade, ___ de _________ de ______.

Delegado de Polícia

1.8. Caso proposto – concurso para delegado de polícia do Ceará de 2015

No dia 10 de outubro de 2014, às 21 horas, a viatura de patrimônio 22 356, da Polícia Militar, foi acionada para atender um início de tumulto na Avenida Beira-Mar, altura do nº 3.800. Os soldados, Francis e Deodato, ao chegarem ao local encontraram alguns populares, que imediatamente se dispersaram, restando Anita Medeiros e Renato de Oliveira, contido pelo policial Francis, ao tentar se evadir, em razão dos gritos de "foi ele, foi ele que matou meu pai", pronunciados por Anita.[1] As partes foram conduzidas ao plantão do 8º Distrito Policial, ocasião em que Anita relatou que no dia 5 de setembro de 2014 estava com seu pai, Alfredo Medeiros, no carro da família dirigido por ele e, por volta das 22 horas, ao pararem no sinal vermelho, na Avenida Bernardo Manuel, esquina com a Rua Cristo Redentor, foram abordados por Renato, que anunciou o assalto e mandou que ambos saíssem do carro.

Assustado, Alfredo fez um movimento imediato para tirar o cinto de segurança, quando Renato disparou a arma de fogo que apontava todo o tempo para Alfredo. O tiro acertou a cabeça do pai de Anita, que morreu na hora. Renato, antes de fugir, ainda pegou o celular que estava no bolso da camisa de Alfredo.[2] Nesta data, ao sair de uma feirinha de artesanato, Anita avistou Renato em meio a um grupo de pessoas que parecia usar drogas, reconheceu-o e começou a gritar para que alguém o detivesse, quando então algumas pessoas o seguraram até a polícia chegar. O boletim de ocorrência havia sido registrado nessa unidade policial, mas o apuratório penal não havia sido deflagrado ainda. Renato de Oliveira, ao ser interrogado, negou ter cometido qualquer crime, bem como qualquer envolvimento com drogas. Não soube ou não quis informar seu endereço residencial, afirmando que dorme nos locais onde faz "bicos" como pintor, pois não tem emprego fixo.[3] Maria de Oliveira, ao ser avisada sobre a detenção de seu filho, Renato, compareceu à Delegacia de Polícia e garantiu a inocência dele, complementou que ele não mora mais com ela, é viciado em drogas, porém não é ladrão. A pesquisa relativa aos antecedentes criminais apontou que Renato já cumpriu pena pelo crime de tráfico de entorpecentes e foi posto em liberdade em dezembro de 2013.[4] Formalizadas a portaria inaugural, as declarações da filha da vítima, de Maria de Oliveira, o auto de reconhecimento, o interrogatório e o indiciamento de Renato, no inquérito policial, como delegado de polícia responsável pelas atividades de Polícia Judiciaria, redija a peça processual adequada à continuidade das investigações[5] do crime que vitimou Alfredo Medeiros, fundamente e motive.[6]

Considerações sobre o caso proposto

1 Configuração dos indícios de autoria em relação a Renato de Oliveira, que foi reconhecido pela testemunha visual do crime.

2 Neste momento já é possível responder a primeira pergunta essencial para a correta identificação da peça prático-profissional, ou seja, que o crime investigado se trata de um latrocínio (artigo 157, § 3º, inciso II, do Código Penal). Importante sabermos ainda que o latrocínio se encontra previsto no rol dos crimes hediondos, dado importante no momento da elaboração da peça. A banca não forneceu a tipificação legal, devendo o candidato fazê-lo adequadamente.

3 Demonstração da necessidade da medida cautelar pessoal, vez que o autor se evadiu logo após o cometimento do crime, não possui emprego fixo e não forneceu endereço residencial.

4 Demonstração da periculosidade do agente, reforçando a necessidade da medida cautelar pessoal.

5 Neste momento é possível responder a segunda pergunta essencial para a correta identificação da peça prático-profissional, ou seja, a fase em que a investigação se encontra, que no caso, não é de conclusão, pois a banca deixou explícito que a investigação não havia sido iniciada até o momento da condução da testemunha e do suspeito à Delegacia. Restou claro ainda, que houve a formalização de algumas diligências, mas as investigações continuariam. Informação relevante para que o candidato exclua a possibilidade da elaboração de um relatório conclusivo cumulado com medida cautelar, bem como para que eleja a medida cautelar mais adequada ao caso.

6 Neste momento é possível responder a terceira pergunta essencial para a correta identificação da peça prático-profissional, ou seja, o que o delegado de polícia busca para o êxito das investigações, que no caso em tela, é preservar as investigações, garantindo que o indiciado não fuja até a conclusão das investigações, vez que não possui residência fixa.

1.9. Resolução do caso proposto – representação pela prisão temporária do indiciado[1]

EXCELENTÍSSIMO SENHOR JUIZ DE DIREITO DA VARA CRIMINAL[2] DA COMARCA DE FORTALEZA – CEARÁ.

Inquérito policial nº . [3]

O delegado de polícia infrassignatário, representando a Polícia Civil do Ceará, no uso de suas atribuições constitucionais e legais, conferidas pelos artigo 144, § 4º, da Constituição da República, artigo 2º, § 1º, da Lei nº 12.830/13, artigo 4º, "caput", do Código de Processo Penal[4], e pelo artigo 2º da Lei nº 7.960/89[5], vem a Vossa Excelência, representar pela decretação da prisão temporária em face do indiciado Renato de Oliveira, qualificado nos autos do inquérito policial em epígrafe, pelas razões fáticas e jurídicas a seguir expostas:

I – DOS FATOS

O inquérito policial referido acima foi instaurado para apurar o crime de latrocínio, ocorrido por volta de 22 horas, do dia 5 de setembro de 2014, na Avenida Bernardo Manuel, esquina com a Rua Cristo Redentor, que teve como vítima a pessoa de Alfredo Medeiros, o qual foi alvejado por um disparo de arma de fogo na cabeça.

No dia 10 de outubro de 2014 a filha da vítima, Anita Medeiros, estava saindo de uma feirinha de artesanato quando avistou Renato em meio a um grupo de pessoas que parecia usar drogas, reconheceu-o e começou a gritar para que alguém o detivesse, quando então algumas pessoas o seguraram até a Polícia Militar chegar. Renato ainda tentou se evadir, mas acabou contido por um policial em razão dos gritos de "foi ele, foi ele que matou meu pai", pronunciados por Anita, sendo ambos conduzidos ao plantão do 8º Distrito Policial.

Anita narrou que no dia do crime estava na companhia de seu pai no veículo da família e que quando pararam em um sinal vermelho foram abordados por Renato, o qual anunciou um assalto e mandou que ambos saíssem do carro, ocasião em que seu pai Alfredo fez um movimento imediato para tirar o cinto de segurança, tendo Renato disparado a arma de fogo que apontava todo o tempo para Alfredo, acertando-o fatalmente na cabeça. Renato, antes de fugir, ainda pegou o celular que estava no bolso da camisa de Alfredo.

Renato de Oliveira, ao ser interrogado, negou ter cometido qualquer crime, bem como qualquer envolvimento com drogas. Não soube ou não quis informar seu endereço residencial, afirmando que dorme nos locais onde faz "bicos" como pintor, pois não tem emprego fixo.

Maria de Oliveira, mãe de Renato, compareceu à Delegacia de Polícia e garantiu a inocência do mesmo, afirmando que ele não reside com ela, é viciado em drogas, porém, não é ladrão.

Foi realizada pesquisa relativa aos antecedentes criminais de Renato, constatando que ele já cumpriu pena pelo crime de tráfico de entorpecentes, tendo sido posto em liberdade em dezembro de 2013.[6]

II – DOS FUNDAMENTOS JURÍDICOS

Considerando os fatos acima narrados, observa-se que é plenamente cabível a decretação da prisão temporária do indiciado, visto que restou materializada a ocorrência do delito de latrocínio, tipificado ao teor do artigo 157, § 3º, inciso II, do Código Penal, crime este elencado no rol autorizador taxativo do artigo 1º, inciso III, alínea "c", da Lei nº 7.960/89.

A isso, somam-se os requisitos do "fumus comissi delicti"[7], afinal, faz-se necessário que existam fundadas razões da autoria por parte do indiciado, o que encontra-se plenamente demonstrado nos autos com reconhecimento da filha da vítima[8]; e do "periculum libertatis", que está demonstrado no risco da não localização do indiciado caso ele permaneça em liberdade, vez que fugiu logo após o cometimento do crime, tentou fugir quando foi reconhecido pela testemunha e não possui nem emprego nem residência fixa, podendo furtar-se a ação da Justiça[9]. Importante mencionar ainda, a periculosidade do investigado, o qual já cumpriu pena pelo crime de tráfico de drogas.

Assim, vislumbra-se imprescindível para a continuidade das investigações e para a conclusão do inquérito policial, a decretação da prisão temporária do indiciado[10], que encontra fundamentação jurídica na aplicação do artigo 1º, incisos I, II e III, alínea "c", da Lei nº 7.960/89. [11]

Indispensável mencionar também, que em razão do presente caso referir-se ao crime de latrocínio, previsto como hediondo no artigo 1º, inciso II, da Lei nº 8.072/90, acarreta a aplicação do artigo 2º, § 4º, desta Lei, ou seja, a prisão temporária tem o prazo de 30 dias, podendo ser prorrogada por igual período em caso de extrema e comprovada necessidade.[12]

III – DOS PEDIDOS

Diante do exposto, presentes os requisitos legais autorizadores da medida, com amparo nos artigos 1º, incisos I, II e III, "c" e 2º, "caput", ambos da Lei nº 7.960/1989 c/c artigo 2º, § 4º, da Lei nº 8.072/90, represento pela decretação da prisão temporária do indiciado Renato de Oliveira, pelo prazo de 30 dias[13], após ouvido o Ministério Público[14].

Nestes termos, pede e espera deferimento.

Fortaleza, de de 2014. [15]

Delegado de Polícia[16]

Considerações sobre a resolução do caso proposto

1 Apesar de o presente caso apresentar tanto os requisitos para representação pela prisão preventiva como pela prisão temporária do indiciado, as bancas consideram como correto a representação pela prisão temporária quando estão presentes seus requisitos e as investigações ainda estão em andamento, ou seja, quando não estiver em fase de conclusão, elegendo esta medida como a mais adequada para preservar as investigações.

2 Por tratar-se do crime de latrocínio.

3 A questão não forneceu o número do inquérito policial, portanto, o campo deve ficar em branco. Não inventar dados.

4 Artigos que demonstram a competência do delegado de polícia para a condução das investigações criminais objetivando a apuração das infrações penais e sua consequente legitimidade para representar em Juízo.

5 Artigo específico que legitima o delegado de polícia a representar pela prisão temporária.

6 Colocar os elementos fáticos essenciais para representação da medida cautelar, narrando sucinta e fielmente os dados fornecidos pela questão, ou seja, sem inventar qualquer informação, para não caracterizar identificação de prova. Lembrar das questões básicas a serem respondidas na narrativa do texto (Qual foi o crime que ocorreu? Quando ocorreu? Local em que ocorreu? Quem são os envolvidos (vítima, suspeitos, testemunhas)? Qual a motivação?), desde que tais informações tenham sido fornecidas.

[7] No computador as expressões em latim estariam em itálico (ou outra forma oficial de destaque), mas na prova, deve ser colocado entre aspas. Não grifar ou ressaltar de nenhum outro modo para não configurar identificação de prova.

[8] Item de pontuação no espelho da prova.

[9] Item de pontuação no espelho da prova.

[10] Item de pontuação no espelho da prova.

[11] Importante colocar a fundamentação específica ao caso tratado, que foi item de pontuação no espelho da prova.

[12] O candidato deve mencionar a incidência legal e deixar claro o prazo da prisão temporária, fundamentando quando o crime apurado estiver elencado no rol dos crimes hediondos. A menção da aplicação da Lei dos Crimes Hediondos e do prazo de 30 dias foram itens de pontuação no espelho da prova.

[13] No pedido, representar pela prisão temporária do indiciado pelo prazo exato de 30 dias e não mencionar que pode ser prorrogado, pois o pedido deve ser claro, o candidato deve demonstrar exatamente o que está pedindo. A renovação poderia ser outra peça.

[14] O candidato deve demonstrar ao examinador que tem conhecimento desta exigência legal no caso de prisão temporária (artigo 2º, § 1º, da Lei nº 7.960/89).

[15] Só colocar os dados fornecidos pela questão, não inventar, neste caso só era possível saber a cidade e o ano.

[16] Não assinar a peça. Utilizar o cargo no masculino, mesmo que seja uma candidata do sexo feminino, exceto se a questão mencionar que a investigação está sendo presidida por uma delegada de polícia, situação em que se deve utilizar o cargo no feminino, mesmo que seja um candidato do sexo masculino.

2. REPRESENTAÇÃO PELA PRISÃO PREVENTIVA

2.1. Conceito e natureza jurídica

A prisão preventiva, da mesma forma que a prisão temporária, figura como uma medida cautelar constritiva de liberdade de natureza pessoal, porém poderá ser decretada desde a fase de inquérito policial, até o trânsito em julgado da sentença judicial.

Essa medida cautelar aplicada na fase inquisitiva visa salvaguardar o curso do inquérito policial, possibilitando assim, a coleta de elementos informativos relevantes para a investigação, sem que ocorra eventuais interferências prejudiciais produzidas pelo investigado.

Nessa linha o doutrinador Nestor Távora leciona que a prisão preventiva possui natureza cautelar ampla, sendo uma eficiente ferramenta de encarceramento durante toda a persecução penal, ou seja, durante o inquérito policial ou na fase processual. Essa modalidade de medida cautelar pode ser decretada até antes do trânsito em julgado da sentença[4], desde que presentes os requisitos necessários, conforme veremos adiante.

> ***Atenção:*** no processo penal a prisão preventiva tem caráter subsidiário (excepcional), devendo ser utilizada somente quando for incabível a prisão temporária, bem como, quando outras medidas cautelares diversas de prisão não forem suficientes e adequadas ao caso concreto.

> ***Atenção:*** haverá a possibilidade da representação pela prisão preventiva vir no relatório final de conclusão do inquérito policial, toda vez que restar demonstrado no caso concreto, que as investigações estão encerradas, mas que persistem os requisitos da prisão preventiva.

4. TÁVORA, Nestor; ALENCAR, Rosmar Rodrigues. Curso de direito processual penal. São Paulo: Editora Juspodivm, 2011, p. 549.

2.2. Fundamento constitucional

Do mesmo modo que ocorre na prisão temporária, a prisão preventiva possui a mesma fundamentação constitucional no que diz respeito à sua admissibilidade, conforme vislumbramos no artigo 5º, inciso LXI, da Constituição da República, nos seguintes termos:

> Art. 5º [...]
>
> LXI – ninguém será preso senão em flagrante delito ou por ordem escrita e fundamentada de autoridade judiciária competente, salvo nos casos de transgressão militar ou crime propriamente militar, definidos em lei.

2.3. Legitimidade

No que se refere à legitimidade do delegado de polícia em representar pela prisão preventiva do investigado, temos diversos dispositivos legais previstos no Código de Processo Penal que versam a respeito.

Vejamos:

> Art. 13. Incumbirá ainda à autoridade policial:
>
> [...]
>
> IV – representar acerca da prisão preventiva.
>
> Art. 282. as medidas cautelares previstas neste Título deverão ser aplicadas observando-se a:
>
> [...]
>
> § 2º As medidas cautelares serão decretadas pelo juiz, de ofício ou a requerimento das partes ou, quando no curso da investigação criminal, por representação da autoridade policial ou mediante requerimento do Ministério Público.
>
> Art. 311. Em qualquer fase da investigação policial ou do processo penal, caberá a prisão preventiva decretada pelo juiz, de ofício, se no curso da ação penal, ou a requerimento do Ministério Público, do querelante ou do assistente, ou por representação da autoridade policial.

Atenção: para a decretação da prisão preventiva é dispensável parecer do representante do Ministério Público.

2.4. Prazo

Diferentemente da prisão temporária, o Código de Processo Penal não estipula um prazo de duração para a prisão preventiva, da forma que estipula para àquela. No entanto, devemos ficar atentos que, uma vez decretada a prisão preventiva na fase de inquérito policial, o delegado de polícia terá o prazo de 10 dias para conclusão do procedimento, sem a possibilidade de prorrogação.

2.5. Cabimento

As hipóteses de cabimento da medida cautelar de prisão preventiva estão previstas no artigo 313, do Código de Processo Penal, onde encontramos quatro situações, não cumulativas, dentre as quais, pelo menos uma deverá estar presente para que se admitida a decretação da mencionada medida.

Vale lembrar que a primeira condição para ser decretada qualquer medida cautelar é o seu cabimento, não bastando, somente, estarem presentes os requisitos cautelares. Nesse sentindo, ainda que presentes tais requisitos, a decretação da prisão preventiva não será efetivada se o fato não estiver comtemplado pelo rol de admissibilidade da medida.

Atenção: na fase de investigação, as bancas de concurso público entendem como mais adequada a prisão temporária ao invés da prisão preventiva, porém, devemos ficar atentos para o rol taxativo dos crimes passíveis daquela medida. Assim, caso o crime não esteja presente no rol de cabimento da prisão temporária devemos representar pela prisão preventiva, quando presentes os requisitos para sua decretação.

Atenção: os crimes de furto, apropriação indébita, estelionato, receptação, etc., não admitem decretação de prisão temporária, mas admitem prisão preventiva, a depender do caso, conforme veremos mais à frente.

Por questões didáticas, vamos dividir as hipóteses de cabimento em tópicos específicos, onde iremos tecer comentários relevantes acerca de cada ponto a ser estudado.

2.5.1. Crimes dolosos punidos com pena máxima superior a 4 (quatro) anos

Conforme artigo 313, inciso I, do Código de Processo Penal, temos o seguinte:

> Art. 313 Nos termos do artigo 312 deste Código, será admitida a decretação da prisão preventiva:
>
> I – nos crimes dolosos punidos com pena privativa de liberdade máxima **superior a 4 (quatro) anos**.

Nessa primeira hipótese, desde que presentes os requisitos cautelares, basta que o crime seja doloso e tenha a pena máxima superior a quatro anos para que seja cabível a decretação da prisão preventiva, independentemente da natureza da pena (reclusão ou detenção).

Esse dispositivo tem o objetivo de evitar uma vulgarização da decretação da prisão preventiva, impondo um parâmetro mínimo relacionado à pena.[5]

Nesse sentido, fiquem atentos a impossibilidade de decretação de prisão preventiva nos crimes de furto simples, apropriação indébita e receptação simples, exceto se o agente for reincidente em qualquer crime doloso, conforme veremos no próximo ponto.

5. NUCCI. Guilherme de Souza. Código de processo penal comentado. 12ª Ed. São Paulo: Revistas dos tribunais, 2013, p. 685

Atenção: para o cabimento da medida cautelar de prisão preventiva, deve ser levado em consideração o concurso de crimes (material, formal e continuado), bem como as causas majorantes (aumento) e minorantes (diminuição) de pena. Em qualquer circunstância deve sempre ser considerada a pena máxima cominada para o crime.

Atenção: *no caso de aumento de pena, deverá ser aplicado o* ***quantum que mais aumenta a pena máxima****. Já nos casos de diminuição, deverá ser aplicado* ***o quantum que menos diminua a pena máxima****.*

Em síntese:

Furto praticado mediante o repouso noturno	Estelionato na forma tentada
Furto Pena - reclusão, de um a quatro anos.	**Estelionato** Pena - reclusão, de um a cinco anos.
§1º A pena aumenta-se de um terço, se o crime é praticado durante o repouso noturno.	Artigo 14 - Diz-se o crime II - tentado, quando, iniciada a execução, não se consuma por circunstâncias alheias à vontade do agente. Parágrafo único - Salvo disposição em contrário, pune-se a tentativa com a pena correspondente ao crime consumado, diminuída de um a dois terços.

Furto praticado mediante o repouso noturno	Estelionato na forma tentada
A pena máxima é 4 anos. Assim, multiplique 4 (anos) por 12 (meses) que dará 48 (meses). Em seguida, divida os 48 meses por 1/3 que dará o resultado de 16 meses (equivalente a 1 ano e 4 meses). Por fim, some 4 anos + 1 ano e 4 meses = 5 anos e 4 meses (CABE PREVENTIVA)	A pena máxima é 5 anos. Assim, multiplique 5 (anos) por 12 (meses) que dará 60 (meses). Em seguida, divida 60 meses por 1/3 (redução mínima) que dará o resultado de 20 meses (equivalente a 1 ano e 8 meses). Por fim, diminua 5 anos - 1 ano e 8 meses = 3 anos e 4 meses (NÃO CABE PREVENTIVA)

Nesse sentido, será cabível a decretação da prisão preventiva na hipótese do chamado furto noturno (artigo 155, § 1º, do Código Penal), mas não será cabível, no crime de estelionato na forma tentada, conforme visto acima.

Por fim, vale destacar que tal raciocínio não é aplicável no tocante as circunstâncias agravantes e atenuantes, em que pese não haver critério legal pré-determinado de majoração ou diminuição da pena em virtude de sua incidência.[6]

2.5.2. Investigado reincidente em crime doloso, qualquer que seja o quantum de pena

Conforme artigo 313, inciso II, do Código de Processo Penal:

> Art. 313 Nos termos do artigo 312 deste Código, será admitida a decretação da prisão preventiva:
>
> [...]

6. LIMA. Renato Brasileiro. Manual de processo penal. 5ª Edição São Paulo: Editora Juspodivm, 2017, p. 976.

> II – se tiver sido condenado por outro crime doloso, em sentença transitada em julgado, ressalvado o disposto no inciso I do caput do artigo 64 do Decreto-Lei no 2.848, de 7 de dezembro de 1940 – Código Penal.

Nesse caso, a prisão preventiva poderá ser decretada se o investigado for reincidente em crime doloso, qualquer que seja o *quantum* da pena ou sua natureza (reclusão ou detenção).

Vale destacar que, para fins de admissibilidade da prisão preventiva, não será possível a sua decretação se, entre a data do cumprimento ou extinção da pena e a infração posterior, tiver decorrido um período de tempo superior a cinco anos, computado o período de prova da suspensão ou do livramento condicional, se não ocorrer revogação, de acordo com o artigo 64, inciso I, do Código Penal, ou, ainda, se na condenação anterior o réu tiver sido beneficiado pelo perdão judicial, pois a sentença não pode ser considerada para fins de reincidência, nos termos do artigo 120, do Código Penal. [7]

> ***Atenção***: para ser cabível a medida, não basta que o investigado seja apenas reincidente, é necessário que a reincidência seja em crime doloso, ou seja, haver cometido dois crimes dolosos (dolo + dolo).

7. LIMA. Renato Brasileiro. Código de Processo Penal Comentado. 2ª Edição São Paulo: Editora Juspodivm, 2017, p. 894.

2.5.3. *Quando o crime envolver violência doméstica e familiar contra a mulher, criança, adolescente, idoso, enfermo ou pessoa com deficiência, para garantir a execução das medidas protetivas de urgência*

Conforme artigo 313, inciso III, do Código de Processo Penal:

> Art. 313 Nos termos do artigo 312 deste Código, será admitida a decretação da prisão preventiva:
>
> [...]
>
> III – se o crime envolver violência doméstica e familiar contra a mulher, criança, adolescente, idoso, enfermo ou pessoa com deficiência, para garantir a execução das medidas protetivas de urgência.

Essa hipótese de cabimento será possível independentemente da quantidade de pena prevista para o crime e da sua natureza (reclusão ou detenção), desde que seja para garantir a execução de medidas protetivas decretadas em relação as hipóteses trazidas acima.

> ***Atenção:*** apesar do dispositivo legal não ter citado expressamente, só será cabível a decretação de prisão preventiva quando o crime for doloso, qualquer que seja o quantum de pena a ele atribuído.

Entendemos que a presente hipótese, prevista no inciso III, do artigo 313, deve ser cumulada com os outros requisitos relacionados à decretação da prisão preventiva, quais sejam, o *fumus comissi delicti e o periculum libertatis*, os quais iremos estudar no próximo tópico.

Nesse mesmo sentido entende o doutrinador Nestor Távora, ao expor que durante a persecução penal por crime de violência doméstica e familiar, para ser cabível a medida cautelar de prisão preventiva, os pressupostos desta deverão estar presentes, no que se refere aos indícios de autoria e prova da materialidade, além de uma das hipóteses de decretação previstas no artigo 312, do Código de Processo Penal, quais sejam, a garantia da ordem pública, econômica, conveniência da instrução ou ainda para evitar fuga.[8]

Reforçando tal entendimento, trazemos a posição de Renato Brasileiro, o qual expõe o seguinte:

> [...] o inciso III deve ser lido em conjunto com o teor do *caput* do artigo 313 do CPP, que expressamente faz menção aos termos do artigo 312 do Código. Ora, se o caput do art. 313 faz menção aos termos do art. 312 do CPP, significa dizer que, mesmo nos casos de violência doméstica e familiar contra a mulher, criança, adolescente, idoso, enfermo ou pessoa com deficiência, a decretação da prisão preventiva também está condicionada à demonstração da necessidade da imposição da custódia para garantia da ordem pública, por conveniência da instrução criminal ou para assegurar a aplicação da lei penal. [9]

2.5.4. Dúvida sobre a identidade civil do investigado e não fornecimento de elementos suficientes para esclarecê-la

Conforme artigo 313, parágrafo único, do Código de Processo Penal:

> Art. 313. Nos termos do artigo 312 deste Código, será admitida a decretação da prisão preventiva:
>
> [...]
>
> Parágrafo único. Também será admitida a prisão preventiva quando houver dúvida sobre a identidade civil da pessoa ou

---

8. TÁVORA, Nestor; ALENCAR, Rosmar Rodrigues. Curso de direito processual penal. São Paulo: Editora Juspodivm, 2011, p. 556.
9. LIMA. Renato Brasileiro. Código de Processo Penal Comentado. 2ª Edição São Paulo: Editora Juspodivm, 2017, p. 897.

> quando esta não fornecer elementos suficientes para esclarecê-la, devendo o preso ser colocado imediatamente em liberdade após a identificação, salvo se outra hipótese recomendar a manutenção da medida.

Essa última hipótese de decretação de prisão preventiva ocorre quando a medida é necessária para identificar o investigado, por haver dúvidas acerca da sua identidade, ou pelo fato do mesmo não fornecer elementos suficientes que permita esclarecê-la.

Nesse sentido, a prisão preventiva só serve para fins de identificação do investigado, devendo este ser posto em liberdade, logo após ser procedida a sua identificação.

> ***Atenção:*** nessa hipótese, a prisão preventiva poderá ser decretada, em qualquer espécie de crime (doloso ou culposo) e com qualquer quantum de pena atribuído a ele.

2.5.5. *Inexistência de causa justificante (cumulativo)*

Conforme artigo 314, do Código de Processo Penal:

> Art. 314. A prisão preventiva em nenhum caso será decretada se o juiz verificar pelas provas constantes dos autos ter o agente praticado o fato nas condições previstas nos incisos I, II e III do caput do artigo 23 do Decreto-Lei no 2.848, de 7 de dezembro de 1940 – Código Penal.

Importante destacar que estamos diante de hipótese de não cabimento da prisão preventiva trazida pelo referido artigo, o qual veda, de forma taxativa, a sua decretação, quando estivermos diante de um fato típico praticado pelo agente que se encontra amparado por qualquer uma das causa de exclusão da ilicitude do fato, quais sejam, o estado de necessidade, a legitima defesa, o estrito cumprimento do dever legal e o exercício regular de direito.

2.5.6. Demonstração de insuficiência de outra medida cautelar diversa de prisão

Conforme § 6º, do artigo 282, do Código de Processo Penal:

> Art. 282. As medidas cautelares previstas neste Título deverão ser aplicadas observando-se a:
>
> [...]
>
> § 6º A prisão preventiva será determinada quando não for cabível a sua substituição por outra medida cautelar.

O mencionado parágrafo, que versa sobre as medidas cautelares em geral, traz o caráter residual (subsidiário) da prisão preventiva, ou seja, tal modalidade de prisão só deverá ser decretada em última razão (*ultima ratio)*, quando restar demonstrado que as outras medidas cautelares diversas de prisão, previstas nos artigos 319 e 320, do Código de Processo Penal, se demonstrarem inadequadas e insuficientes.

Nesse sentido é necessário demonstrar claramente na confecção da peça cautelar que as medidas diversas de prisão, dispostas nos artigos 319 e 320, do Código de Processo Penal, são insuficientes, inadequadas e que não vão salvaguardar de maneira eficiente as investigações em curso.

2.6. Requisitos cautelares

2.6.1. Fumus comissi delicti

O artigo 312, do Código de Processo Penal, traz a seguinte previsão:

> Art. 312. A prisão preventiva poderá ser decretada como garantia da ordem pública, da ordem econômica, por conveniência da

> instrução criminal, ou para assegurar a aplicação da lei penal, quando houver **prova da existência do crime e indício suficiente de autoria**. [grifo nosso]

Trata-se de um requisito cautelar, onde deve ficar demonstrado que o crime ocorreu, verificando a sua materialidade delitiva direta ou indiretamente, bem como a sua autoria, através de indícios suficientes, que conecte o investigado ao fato.

Quanto à existência do crime, é indispensável um juízo de certeza para que haja decretação da prisão preventiva. No caso de crimes que deixam vestígios, não há em que se falar em indispensabilidade do exame de corpo de delito, pois o laudo pericial pode ser juntado durante o curso do processo, exceto nos casos previstos na Lei nº 11.343/06 (Lei Antidrogas), que exige laudo de constatação da natureza da droga, conforme previsão do artigo 50, § 1°, da referida Lei e nos crimes contra a propriedade imaterial (artigo 525, do Código de Processo Penal), hipóteses em que o exame de corpo de delito assume natureza jurídica de verdadeira condição específica de procedibilidade. [10]

Por outro lado, no que se refere aos indícios suficientes de autoria, não é necessária a prova cabal da autoria delitiva, bastando apenas indícios que liguem o fato a um autor ou partícipe do crime. A título de exemplo, temos como suficiente a inquirição de testemunhas que atestem a autoria delitiva ou as declarações da própria vítima.

2.6.2. *Periculum libertatis*

O mesmo dispositivo legal visto no tópico anterior, traz:

> Art. 312. A prisão preventiva poderá ser decretada como **garantia da ordem pública**, da **ordem econômica**, por **conveniência**

10. LIMA. Renato Brasileiro. Manual de processo penal. 5ª Edição São Paulo: Editora Juspodivm, 2017, p. 962.

TÍTULO III – DAS PEÇAS PRÁTICO-PROFISSIONAIS

> **da instrução criminal**, ou para **assegurar a aplicação da lei penal**, quando houver prova da existência do crime e indício suficiente de autoria.
>
> Parágrafo único. A prisão preventiva também poderá ser decretada em caso de descumprimento de qualquer das obrigações impostas por força de outras medidas cautelares. [grifo nosso]

Nesse sentido o "*periculum libertatis*" é consubstanciado através de cinco fundamentos autorizadores do decreto prisional. Tais fundamentos estão atrelados ao prejuízo trazido para as investigações policiais e para o futuro processo criminal, ocasionado pela liberdade do investigado.

Destaca-se que as hipóteses trazidas pelo dispositivo legal referenciado, são alternativas, ou seja, basta a configuração de apenas uma delas para satisfação do presente requisito, necessário para a decretação da medida.

Por questões didáticas, vamos dividir as hipóteses em tópicos específicos, onde iremos tecer comentários relevantes acerca de cada ponto a ser analisado.

2.6.2.1. Garantia da ordem pública

Não obstante tratar-se de um fundamento bastante aberto, autorizador do decreto prisional, propulsor de oscilações doutrinárias e jurisprudenciais, entendemos, sobretudo para a visão do delegado de polícia, que a garantia da ordem pública deverá ser demonstrada através de um juízo de periculosidade exercido em face do investigado, ou seja, quando houver um considerável risco de reiteração na prática de ações criminosas, caso o mesmo permaneça em liberdade.

Nesse sentido o doutrinador Renato Brasileiro traz como corrente majoritária a defensora de que, para configuração da garantia da ordem pública, deve ser feito um juízo de periculosidade do agente (e não de culpabilidade), que, em caso positivo, demonstra a necessidade de sua retirada cautelar do convívio social. Portanto, a prisão preventiva poderá ser decretada com fundamento na garantia da ordem pública sempre que dados concretos demonstrarem que, se o agente permanecer solto, voltará a delinquir.[11]

Destaca-se que esse entendimento sempre prevaleceu nos Superiores Tribunais, conforme alguns julgados abaixo:

> [...] Não há como refugar a aplicabilidade do conceito de ordem pública se a concreta situação dos autos evidencia a necessidade de acautelamento do meio social. Quando da maneira de execução do delito sobressaíra extrema periculosidade do agente, abre-se ao decreto de prisão a possibilidade de estabelecer um vínculo funcional entre o *modus operandi* do suposto crime e a garantia da ordem pública. Não há que se falar em inidoneidade do decreto de prisão, se este embasa a custódia cautelar a partir do contexto empírico da causa. Contexto, esse, revelador da gravidade concreta da conduta (de violência incomum) e da periculosidade do paciente. O decreto prisional, para além de apontar o paciente como investigado em vários outros delitos.[12]

> [...] Embora sucinto, o decreto de prisão está fundamentado nos fortes indícios de periculosidade do paciente apurados no inquérito policial, em que há notícia do seu envolvimento em diversos crimes, em especial delitos contra o patrimônio praticados em diferentes estados da Federação.[13]

> [...] Evidenciando as circunstâncias do crime, periculosidade concreta do agente que, com outras pessoas, pelo simples fato de a vítima integrar torcida diversa, após impedir sua fuga, passou a agredi-la com reiterados golpes de paus, pedras e socos, causando-lhe a morte, resulta ser evidente a necessidade de sua retirada cautelar do convívio social.[14]

11. LIMA. Renato Brasileiro. Código de Processo Penal Comentado. 2ª edição São Paulo: Editora Juspodivm, 2017, p. 879.
12. STF, HC 97.688/MG – 1ª Turma, Rel. Min. Carlos Britto – DJ 26/11/2009.
13. STF, HC 88.608/RN – 2ª Turma, Rel. Min. Joaquim Barbosa, DJ 06/11/2006.
14. STJ, HC 52.745/SP – 6ª Tuma, Rel. Min. Paulo Gallotti, DJ 09/04/2007.

Atenção: tanto a gravidade em abstrato do crime, quanto o mero clamor social em virtude da prática do fato, não são autorizadores, por si só, do decreto prisional fundamentado na garantia da ordem pública.

É importante destacar ainda, uma outra corrente que admite a prisão preventiva com base na garantia da ordem pública visando assegurar a credibilidade da Justiça nos crimes que provocam clamor público. Essa corrente prega que:

> [...] a brutalidade do delito provoca comoção no meio social, gerando sensação de impunidade e descrédito pela demora na prestação jurisdicional, de tal forma que, havendo *fumus boni iuris*, não convém aguardar-se até o trânsito em julgado para só então prender o indivíduo. [15]

Vale mencionar o julgado trazido pela 2ª Turma do STF, nos seguintes termos:

> [...] Quanto ao requisito da garantia da ordem pública, em linhas gerais e sem qualquer pretensão de exaurir todas as possibilidades normativas de sua aplicação judicial, destaco as seguintes circunstâncias principais: I) a necessidade de resguardar a integridade física do próprio paciente ou dos demais cidadãos; II) o imperativo de impedir a reiteração das práticas criminosas, desde que tal objetivo esteja lastreado em elementos concretos expostos fundamentadamente no decreto de custódia cautelar; e III) para assegurar a credibilidade das instituições públicas, em especial do Poder Judiciário, quanto à visibilidade e transparência de políticas públicas de persecução criminal e desde que diretamente relacionadas com a adoção tempestiva de medidas adequadas e eficazes associadas à base empírica concreta que tenha ensejado a custódia cautelar.[16]

15. CAPEZ. Fernando. Curso de processo penal. 16ª edição. São Paulo: Editora Saraiva, 2009. p. 279
16. STF, 2ª Turma, HC 89.090/GO, Rei. Min. Gilmar Mendes, DJ 05/10/2007.

Atenção: é possível a decretação da prisão preventiva baseada na prática de ato infracional durante a adolescência, com base na garantia da ordem pública, desde que observados os seguintes critérios: a) a particular gravidade concreta do ato infracional, não bastando mencionar sua equivalência a crime abstratamente considerado grave; b) a distância temporal entre o ato infracional e o crime que deu origem ao processo (ou inquérito policial) no qual se deve decidir sobre a decretação da prisão preventiva; e c) a comprovação desse ato infracional anterior, de sorte a não pairar dúvidas sobre o reconhecimento judicial de sua ocorrência. [17]

2.6.2.2. Garantia da ordem econômica

Tal fundamento acrescido ao disposto do artigo 312 pela Lei nº 8.884/94, objetivando reprimir abusos à ordem econômica, assemelha-se à garantia da ordem pública, no entanto está relacionada aos crimes contra a ordem econômica (crimes contra o sistema financeiro, contra a ordem tributária, lavagem de dinheiro, etc.)

Destaca-se que, da mesma forma que o fundamento anterior, este se baseia no risco de reiteração delituosa em relação às infrações penais que afrontem o livre exercício de qualquer atividade econômica, com o exercício de abuso do poder econômico.

2.6.2.3. Conveniência da instrução criminal

Essa hipótese visa salvaguardar tanto a instrução criminal quanto a investigação policial de interferências indevidas

17. STJ, 3ª Seção, RHC 63.855/MG, Rel. Min. Nefi Cordeiro, DJe 13/06/2016.

praticadas pelo investigado, que prejudiquem a colheita de elementos probatórios.

Nessa linha, devemos ter a concepção de que, garantir a instrução criminal é garantir que não haja interferências na produção de provas por ação do autor do crime, como por exemplo, aquele que ameaça testemunhas, corrompe ou destrói provas, etc.

2.6.2.4. Assegurar a aplicação da lei penal

Essa hipótese tem por escopo garantir a aplicação efetiva da norma penal incriminadora em face do agente, sendo adequada quando ocorrer risco de fuga por parte do investigado.

Nesse sentido, deve haver indícios, forte probabilidade de que o investigado se encontre prestes a fugir, com o objetivo de se eximir de uma eventual reprimenda penal, não bastando a mera possibilidade de fuga.

2.6.2.5. Descumprimento das medidas cautelares diversas da prisão

Segundo o parágrafo único, do artigo 312 e o § 4º, do artigo 282, ambos do Código de Processo Penal:

> Art. 312. [...]
>
> Parágrafo único. A prisão preventiva também poderá ser decretada em caso de descumprimento de qualquer das obrigações impostas por força de outras medidas cautelares (artigo 282, § 4º).
>
> Art. 282. As medidas cautelares previstas neste Título deverão ser aplicadas observando-se a:
>
> § 4º No caso de descumprimento de qualquer das obrigações impostas, o juiz, de ofício ou mediante requerimento do Ministério Público, de seu assistente ou do querelante, poderá substituir a medida, impor outra em cumulação, ou, em último caso, decretar a prisão preventiva (artigo 312, parágrafo único).

Nessa hipótese, a prisão preventiva será decretada em decorrência do não cumprimento das medidas cautelares diversas de prisão, bem como quando houver demonstração de exaurimento das outras espécies cautelares, ou seja, quando todas a medidas cautelares não forem suficientes e adequadas ao caso concreto, restará apenas a decretação da prisão preventiva.

Nessa linha, sendo verificado que houve descumprimento injustificado das referidas medidas diversas de prisão, é possível que o juiz determine a substituição da medida, a imposição de outra em cumulação, ou, em última hipótese, a prisão preventiva. É importante consignar que o magistrado não está obrigado a seguir a ordem indicada no artigo 282, § 4°, do Código de Processo Penal. Na verdade, incumbe a ele analisar qual das medidas é mais adequada para a situação concreta.

Atenção: só deverá haver a decretação da prisão preventiva, após a demonstração da ineficácia e inadequabilidade das medidas cautelares diversas de prisão, independente do preenchimento dos requisitos trazidos pelo artigo 313, incisos I e II, do Código de Processo Penal, conforme entendimento predominante na doutrina e na jurisprudência.

Vale mencionar um dos julgados trazidos pela 5ª Turma do STJ, nos seguintes termos:

> [...] A prisão preventiva decretada em razão do descumprimento de medida cautelar anteriormente imposta ao paciente não está submetida às circunstâncias e hipóteses previstas no artigo 313 do CPP, de acordo com a sistemática das novas cautelares pessoais.[18]

18. STJ, 5ª Turma, HC 281.472/MG, Rel. Min. Jorge Mussi, DJe 18/06/2014.

2.7. Modelo básico da peça

EXCELENTÍSSIMO SENHOR JUIZ DE DIREITO DA ___ VARA CRIMINAL DA COMARCA DE _________.

Inquérito Policial nº ____/____.

O delegado de polícia infrassignatário, representando a Polícia _________, no uso de suas atribuições constitucionais e legais, conferidas pelos artigos _________, vem a Vossa Excelência, representar pela decretação da prisão preventiva de _________ (nome do representado), pelas razões fáticas e jurídicas a seguir expostas:

I – DOS FATOS

Qual foi o crime que ocorreu? Quando ocorreu? Local em que ocorreu? Quem são os envolvidos (vítima, suspeitos, testemunhas)? Qual a motivação? Outras informações relevantes.

II – DOS FUNDAMENTOS JURÍDICOS

a) prática delituosa – demonstrar o crime praticado.

b) cabimento – demonstrar a exigência das condições trazidas pelo artigo 313, do Código de Processo Penal, bem como da insuficiência de outras medidas cautelares diversas de prisão, as quais não produzirão os efeitos desejados para as investigações (artigo 282, § 6º, do Código de Processo Penal).

c) requisitos cautelares – demonstrar que estão presentes, todos os requisitos cautelares relativos ao "fumus comissi delicti" e "periculum libertatis", vistos acima.

III – DOS PEDIDOS

Diante do exposto, presentes os requisitos legais autorizadores da medida e demonstrada sua imprescindibilidade, com base nos artigos __________, represento pela decretação da prisão preventiva de _________ (nome do investigado).

Nestes termos, pede e espera deferimento.

Cidade, ___ de _________ de ______.

Delegado de Polícia

2.8. Caso proposto – concurso para delegado de polícia da Bahia de 2018

Ana Amélia de Souza, nesta data, foi até a 7ª Delegacia de Polícia de Salvador e fez o seguinte relato:

"Conviveu com Renato Aguiar por cinco anos e três meses, com quem teve um filho, Pedro, e separou – se do companheiro há pouco mais de um ano em razão das muitas brigas e agressões. Inconformado com a separação, Renato, desde então, passou a persegui-la na saída da empresa em que trabalha, proferindo ameaças.

Em setembro de 2017, solicitou e obteve a medida protetiva que proibia a aproximação do ex-companheiro de sua casa e do local de trabalho, bem como qualquer tipo de comunicação. Renato nunca obedeceu àquela ordem judicial.

Por duas vezes, entre dezembro de 2017 e o início de 2018, Renato a parou na rua e, torcendo com muita força seu braço, repetiu que não aceita viver longe da ex-mulher e que nenhum estranho vai criar seu filho.

Registrou as ocorrências porque ficou com os braços machucados, e mesmo assim Renato continuou com as ameaças e tentativas de agressão, esperando sempre próximo da residência e do trabalho de Ana Amélia, e gritando que se não voltar a conviver com ele não ficará com mais ninguém.

Hoje pela manhã Renato invadiu sua casa, tirou do bolso uma faca e desferiu facadas que a acertaram na palma da mão direita, braço e ombro esquerdos. [1]

Vizinhos ouviram os gritos, interromperam a agressão e a levaram ao hospital, onde foi medicada e liberada. Depois disso, Renato foi embora, mas tem certeza de que ele voltará para novamente atormentá-la, até acabar tirando sua vida.

Durante o tempo em que estava na Delegacia de Polícia, recebeu mensagens de texto enviadas por Renato, por meio de aplicativo, com os seguintes dizeres: "sei que está na delegacia, mas isso não acabou, ou você fica comigo ou não fica com ninguém, não tem delegacia ou fórum que vá te salvar, entendeu né..."." [2]

Cansada de ser perseguida, ameaçada e agredida pelo ex-companheiro, requer providências da Autoridade Policial.

Na unidade policial foi localizado o Inquérito policial de nº 114/2017, que reúne as oitivas da vítima Ana Amélia de Souza, os laudos de exame de corpo de delito, demonstrando duas lesões corporais de natureza leve, ocorridas em 20 de dezembro de 2017 e 8 de fevereiro de 2018, as assentadas das testemunhas confirmando as agressões e ameaças nesse período. Renato não foi ouvido nos autos porque não respondeu às três intimações entregues pessoalmente.

Aos autos do IP no 114/2017 foram juntadas a atual oitiva da vítima, sua ficha médica, relatando as lesões, e a requisição para novo exame de corpo de delito. [3]

Em continuidade a essas providências, e no papel de delegado de polícia responsável pelas atividades de Polícia Judiciária, redija a peça processual adequada e tendente a fazer cessar a violência sofrida por Ana Amélia de Souza. Fundamente e motive. [4]

Considerações sobre o caso proposto

1 Neste momento já é possível responder a primeira pergunta essencial para a correta identificação da peça prático-profissional, ou seja, que os crimes investigados tratam-se de lesão corporal e ameaça, em que restou evidente a existência de violência doméstica (artigos 129, § 9º e 147, ambos do Código Penal c/c artigo 5º, da Lei nº 11.340/2006 e Súmula 600 do STJ). A banca não forneceu a tipificação legal, devendo o candidato fazê-lo adequadamente. Importante lembrar que os crimes em questão não estão previstos no rol dos crimes autorizadores da prisão temporária nem no rol dos crimes hediondos, afastando o cabimento da medida mencionada.

2 Configuração dos indícios de autoria em relação a Renato Aguiar, que além da mensagem, ameaçou e agrediu a vítima em outras situações, conforme narrado.

Demonstração de que o agente é contumaz na prática de crimes.

Demonstração da necessidade de medida cautelar pessoal para resguardar a vida da vítima, que está sendo ameaçada e agredida em razão do término de sua relação conjugal com Renato.

3 Neste momento é possível responder a segunda pergunta essencial para a correta identificação da peça prático-profissional, ou seja, a fase em que a investigação se encontra, que no caso, não é de conclusão, pois a banca deixou clara a necessidade de realização de diligências. Informação relevante para que o candidato exclua a possibilidade da elaboração de um relatório conclusivo cumulado com medida cautelar.

4 Neste momento é possível responder a terceira pergunta essencial para a correta identificação da peça prático-profissional, ou seja, o que o delegado de polícia busca para o êxito das investigações, que no caso em tela é a preservação da vida da vítima, que está sendo ameaçada.

2.9. Resolução do caso proposto – Representação pela prisão preventiva do investigado[1]

EXCELENTÍSSIMO SENHOR JUIZ DE DIREITO DA VARA CRIMINAL[2] DA COMARCA DE SALVADOR – BAHIA.

Inquérito policial nº 114/2007.

O delegado de polícia infrassignatário, representando a Polícia Civil da Bahia, no uso de suas atribuições constitucionais e legais, conferidas pelos artigo 144, § 4º, da Constituição da República, artigo 2º, § 1º, da Lei nº 12.830/13, artigo 4º, "caput"[3], 13, inciso IV, 282, § 2º e 311[4], todos do Código de Processo Penal, e artigo 20, da Lei nº 11.340/2006[5], vem a Vossa Excelência, representar pela decretação da prisão preventiva em face do investigado Renato Aguiar, qualificado nos autos do inquérito policial em epígrafe, pelas razões fáticas e jurídicas a seguir expostas:

I – DOS FATOS

O inquérito policial referido acima foi instaurado para apurar os crimes de lesão corporal e ameaça, em que restou evidente a existência de violência doméstica, tipificados ao teor dos artigos 129, § 9º e 147, ambos do Código Penal c/c artigo 5º, da Lei nº 11.340/06 e Súmula 600 do STJ[6], praticado na cidade de Salvador – BA pela pessoa de Renato Aguiar contra a vítima Ana Amélia de Souza.[7]

Segundo as diligências constantes nos autos do inquérito policial, constatou-se que a vítima e seu agressor conviveram maritalmente por pouco mais de cinco anos e tiveram um filho decorrente deste relacionamento, mas se separam há pouco mais de um ano em razão de muitas brigas e agressões.

Renato, inconformado com a separação, passou a perseguir e ameaçar Ana Amélia, razão pela qual, em setembro de 2017, ela solicitou e obteve a medida protetiva que proibia a aproximação do ex-companheiro de sua casa e do local de trabalho, bem como qualquer tipo de comunicação. Porém, Renato nunca obedeceu a mencionada ordem judicial.

Por duas vezes, em 20 dezembro de 2017 e em 8 de fevereiro de 2018, Renato agrediu fisicamente Ana Amélia na rua com torções no braço, tendo ela registrado tais ocorrências, originando a instauração do inquérito policial nº 114/2007, onde constam as oitivas da vítima, os laudos de exame de corpo de delito, demonstrando duas lesões corporais de natureza leve e as oitivas das testemunhas confirmando as agressões e ameaças. Renato não foi ouvido nos autos porque não respondeu às três intimações entregues pessoalmente.

Ocorre que, Renato continuou com as ameaças e tentativas de agressão contra a vítima em razão da não aceitação do término do relacionamento, até que invadiu a casa de Ana Amélia, tirou do bolso uma faca e desferiu facadas que a acertaram na palma da mão direita, braço e ombro esquerdos. Alguns vizinhos ouviram os gritos, interromperam a agressão e a levaram ao hospital, onde foi medicada e liberada.

Em razão do ocorrido, a vítima voltou a procurar a polícia, requerendo providências por receio de perder sua vida. Quando Ana Amélia ainda estava na Delegacia, recebeu mensagens de texto enviadas por Renato, por meio de aplicativo, com os seguintes dizeres: "sei que está na delegacia, mas isso não acabou, ou você fica comigo ou não fica com ninguém, não tem delegacia ou fórum que vá te salvar, entendeu né...".

A materialidade do último delito de lesão corporal sofrido pela vítima encontra-se demonstrada por meio da sua ficha médica, que relata as lesões, já tendo sido requisitado novo exame de corpo de delito. [8]

II – DOS FUNDAMENTOS JURÍDICOS

Considerando os fatos acima narrados, observa-se que é plenamente cabível a decretação da prisão preventiva do investigado[9], visto a materialização dos delitos de lesão corporal e ameaça, em que restou evidente a existência de violência doméstica, ensejando a tipificação dos artigos 129, § 9º e 147, ambos do Código Penal c/c artigo 5º, da Lei nº 11.340/06 e Súmula 600 do STJ, atendendo aos termos do artigo 313, inciso III, do Código de Processo Penal.

Importante deixar claro que, segundo o artigo 5º, da Lei nº 11.340/06 e Súmula 600 do STJ, não há exigência de coabitação entre o autor e a vítima para a configuração da violência doméstica e familiar.

A irrefutável necessidade da medida pode ser aferida ante a presença coexistente dos pressupostos provas das existências dos crimes e indícios suficientes de autoria, ou seja, do "fumus comissi delicti"[10]; aliados à condição para assegurar a garantia da ordem pública e a conveniência da instrução criminal, bem como pelo descumprimento, por parte do investigado, da medida protetiva decretada judicialmente em favor da vítima[11], exigências do artigo 312, "caput" e parágrafo único, do Código de Processo Penal. No presente caso, restou demonstrado que o investigado nunca deixou de perseguir a vítima, praticando ameaças e agressões contra ela, restando assim, demonstrado o fator de risco que justifica a efetividade da medida, ou seja, o "periculum libertatis".

Vale destacar que não é cabível a prisão temporária no presente caso, pelo fato do crime não se encontrar inserido nem no rol da Lei nº 7960/89, tampouco no rol da Lei nº 8.072/90. [12]

Também se observa, pelos fundamentos trazidos, a insuficiência de outras medidas cautelares diversas de prisão ao presente caso, vez que não produziriam os efeitos desejados e necessários para as investigações (artigo 282, § 6º, do Código de Processo Penal), sendo a prisão preventiva do investigado a única medida capaz de fazer cessar a violência[13] praticada contra Ana Amélia de Souza.[14]

Importante mencionar ainda, que Renato não atendeu às ordens de intimação para comparecer à unidade policial, bem como ameaçou Ana Amélia, mesmo ciente de que ela estava na Delegacia de Polícia, deixando clara sua periculosidade e predisposição para praticar novos atos de violência. [15]

III – DOS PEDIDOS

Diante do exposto, presentes os requisitos legais autorizadores da medida e demonstrada sua imprescindibilidade, com amparo nos artigos 312, "caput" e parágrafo único e 313, inciso III, ambos do Código de Processo Penal[16], represento pela decretação da prisão preventiva do investigado Renato Aguiar, expedindo-se os respectivos mandados.

Nestes termos, pede e espera deferimento.

Salvador, de de 2018. [17]

Delegado de Polícia[18]

Considerações sobre a resolução do caso proposto

1 O caso ora apresentado não admite a representação da prisão temporária do investigado, conforme já visto. Assim,

a medida cautelar pessoal cabível é a representação pela prisão preventiva, uma vez que presentes seus requisitos legais. Não confundir o fato da investigação não estar próxima de sua conclusão, pois a preferência das bancas pela prisão temporária se dá apenas quando presentes os requisitos das duas medidas, que não é o caso.

[2] Por tratar-se dos crimes de lesão corporal e ameaça.

[3] Artigos que demonstram a competência do delegado de polícia para a condução das investigações criminais objetivando a apuração das infrações penais e sua consequente legitimidade para representar em Juízo.

[4] Artigos específicos que legitimam o delegado de polícia a representar pela prisão preventiva.

[5] Artigo específico que legitima o delegado de polícia a representar pela prisão preventiva no caso de violência doméstica.

[6] Utilizar abreviações apenas se o problema já forneceu desta forma.

[7] Não inventar dados, o problema só forneceu a cidade em que o crime foi praticado e os envolvidos, assim apenas esses dados devem ser inseridos na peça.

[8] Colocar os elementos fáticos essenciais para representação da medida cautelar, narrando sucinta e fielmente os dados fornecidos pela questão, ou seja, sem inventar qualquer informação, para não caracterizar identificação de prova. Lembrar das questões básicas a serem respondidas na narrativa do texto (Qual foi o crime que ocorreu? Quando ocorreu? Local em que ocorreu? Quem são os envolvidos (vítima, suspeitos, testemunhas)? Qual a motivação?), desde que tais informações tenham sido fornecidas.

[9] Como a questão não disse que Renato foi indiciado, deve ser referido na peça como investigado.

[10] No computador as expressões em latim estariam em itálico (ou outra forma oficial de destaque), mas na prova, deve ser colocado entre aspas. Não grifar ou ressaltar de nenhum outro modo para não configurar identificação de prova.

[11] Item de pontuação no espelho da prova.

[12] Como trata-se de uma prova de concurso público e as investigações não estão em fase de conclusão, é conveniente que justifiquem que não estão representando pela prisão temporária por não ser cabível.

[13] Item de pontuação no espelho da prova.

[14] Importante fundamentar também que as medidas cautelares diversas da prisão não são efetivas ao caso apresentado.

[15] Item de pontuação no espelho da prova.

[16] Importante colocar a fundamentação específica ao caso tratado.

[17] Só colocar os dados fornecidos pela questão, não inventar, neste caso só era possível saber a cidade e o ano.

[18] Não assinar a peça. Utilizar o cargo no masculino, mesmo que seja uma candidata do sexo feminino, exceto se a questão mencionar que a investigação está sendo presidida por uma delegada de polícia, situação em que se deve utilizar o cargo no feminino, mesmo que seja um candidato do sexo masculino.

3. REPRESENTAÇÃO POR MEDIDAS CAUTELARES DIVERSAS DE PRISÃO

3.1. Conceito e natureza jurídica

Trata-se de uma medida cautelar pessoal de caráter não prisional, cabível tanto na fase de investigação policial quanto no curso do processo penal, utilizada como um primeiro recurso (antes das medidas cautelares pessoais de caráter prisional), que visa salvaguardar as investigações (fase inquisitorial), desde que tais medidas se mostrem suficientes e adequadas ao caso concreto, possibilitando assim, a coleta de elementos informativos relevantes para a investigação.

É importante destacar que as medidas cautelares diversas de prisão foram inseridas no nosso ordenamento jurídico através da Lei nº 12.403/11, pondo fim à bipolaridade que havia no processo penal, no tocante às medidas cautelares.

Nesse sentido, antes da referida Lei, existia apenas duas possibilidades, de um lado a prisão cautelar e do outro a liberdade provisória, com ou sem fiança.

3.2. Legitimidade

No que se refere à legitimidade do delegado de polícia em representar pelas medidas cautelares diversas de prisão, encontramos amparo legal no artigo 282, § 2º, do Código de Processo Penal, conforme disposto abaixo:

> Art. 282. As medidas cautelares previstas neste Título deverão ser aplicadas observando-se a:
>
> [...]
>
> § 2º As medidas cautelares serão decretadas pelo juiz, de ofício ou a requerimento das partes ou, quando no curso da investigação criminal, por representação da autoridade policial ou mediante requerimento do Ministério Público.

3.3. Cabimento

Para ser cabível a presente medida cautelar, basta que o crime investigado seja punido com pena privativa de liberdade, qualquer que seja o *quantum* da pena ou a sua natureza (reclusão ou detenção), nos termos do artigo 283, § 1º do Código de Processo Penal. Vejamos o disposto:

> Art. 283. [...]
>
> § 1º As medidas cautelares previstas neste Título não se aplicam à infração a que não for isolada, cumulativa ou alternativamente cominada pena privativa de liberdade. Nos termos do artigo 312 deste Código, será admitida a decretação da prisão preventiva: [...]

Atenção: pelo fato das medidas cautelares diversas de prisão exigirem que o crime investigado seja punido com pena privativa de liberdade, resta descartada a sua decretação no crime porte de drogas para consumo pessoal (artigo 28 da Lei 11.343/06).

3.4. Requisitos cautelares

3.4.1. Fumus comissi delicti

Como ocorre em toda medida cautelar prevista em nosso ordenamento jurídico, a existência do *fumus comissi delicti* é indispensável a sua decretação. Nesse sentido, conforme visto anteriormente, deve ficar demostrada a existência do crime (punido com pena privativa de liberdade), bem como os indícios suficientes de autoria ou participação no referido.

Vale salientar que o legislador não trouxe um dispositivo específico tratando do presente requisito para a decretação das medias cautelares diversas de prisão, porém devemos demostrar a presença de justa causa, ou seja, que o crime ocorreu e que há indícios suficientes de autoria, conforme visualizamos nas medidas cautelares pessoais de caráter prisional.

Assim, não obstante o artigo 282, do Código de Processo Penal não exigir expressamente a presença do *fumus comissi delicti* para decretação das medidas cautelares diversas da prisão, não podemos esquecer que estamos diante de um provimento de natureza cautelar. Por isso, embora as exigências para a decretação das medidas cautelares diversas da prisão possam ser menores ou menos intensas do que as exigências feitas para a prisão preventiva, não pode a lei deixar de impor a presença do referido requisito. [19]

3.4.2. Periculum libertatis

Tal requisito a ser compreendido como o risco ocasionado às investigações ou ao processo penal, decorrente da permanência do investigado em liberdade, encontra-se previsto no artigo 282, incisos I e II, do Código de Processo Penal.

---

19. LIMA. Renato Brasileiro. Código de Processo Penal Comentado. 2ª edição São Paulo: Editora Juspodivm, 2017, p. 774.

O referido disposto traz duas hipóteses que configuram o *periculum libertatis.*

A primeira se relaciona à necessidade da medida para evitar a fuga do investigado que objetiva se eximir da sua responsabilização penal, visando salvaguardar a colheita de elementos de provas, bem como para evitar que ocorra reiteração delitiva.

A segunda se relaciona à adequação da medida à gravidade da infração penal, sendo um verdadeiro termômetro que irá balizar a escolha da medida cautelar mais apropriada, levando em consideração a gravidade concreta do delito, as circunstâncias de como o fato aconteceu, além das condições pessoais do agente. [20]

Vejamos como tais hipóteses encontram-se positivadas no nosso ordenamento jurídico:

> Art. 282. As medidas cautelares previstas neste Título deverão ser aplicadas observando-se a:
>
> I – necessidade para aplicação da lei penal, para a investigação ou a instrução criminal e, nos casos expressamente previstos, para evitar a prática de infrações penais;
>
> II – adequação da medida à gravidade do crime, circunstâncias do fato e condições pessoais do indiciado ou acusado.

3.5. Espécies de medidas cautelares

As espécies de medidas cautelares que poderão ser aplicadas de forma cumulativa ou isolada, nos termos do § 1º, do artigo 282, do Código de Processo Penal, estão definidas nos artigos 319 e 320, do mesmo diploma legal.

Por questões didáticas, vamos dividir as espécies de medidas cautelares diversas de prisão em tópicos específicos,

20. TÁVORA, Nestor; ALENCAR, Rosmar Rodrigues. Curso de direito processual penal. São Paulo: Editora Juspodivm, 2011, p. 645.

onde iremos tecer comentários relevantes acerca de cada ponto a ser estudado.

3.5.1. Comparecimento periódico em juízo

O artigo 319, inciso I, do Código de Processo Penal, prevê que:

> Art. 319. São medidas cautelares diversas da prisão:
>
> I – comparecimento periódico em juízo, no prazo e nas condições fixadas pelo juiz, para informar e justificar atividades.

Tal medida possui a finalidade de averiguar se o agente permanece à disposição da justiça, bem como, para que o juiz tenha ciência das atividades lícitas que o mesmo está exercendo.

Uma vez deferida a referida medida, o agente fica obrigado, a critério do juiz, a comparecer periodicamente à secretaria do Juízo processante para informar o seu domicílio, bem como para comprovar as suas atividades.

3.5.2. Proibição de acesso ou frequência a determinados lugares

O artigo 319, inciso II, do Código de Processo Penal, prevê que:

> Art. 319. São medidas cautelares diversas da prisão:
>
> [...]
>
> II – proibição de acesso ou frequência a determinados lugares quando, por circunstâncias relacionadas ao fato, deva o indiciado ou acusado permanecer distante desses locais para evitar o risco de novas infrações;

Tal medida possui a finalidade de evitar que o agente venha a praticar novos crimes. Destaca-se que o legislador não trouxe os locais específicos, obviamente, deixando a critério do juiz a sua escolha, diante do caso concreto.

Como exemplo, podemos citar a proibição de um torcedor de determinado time de futebol em acessar estádios em dias de jogos, evitando assim a prática de crimes relacionados.

3.5.3. Proibição de manter contato com determinada pessoa

O artigo 319, inciso III, do Código de Processo Penal, prevê que:

> Art. 319. São medidas cautelares diversas da prisão:
>
> [...]
>
> III – proibição de manter contato com pessoa determinada quando, por circunstâncias relacionadas ao fato, deva o indiciado ou acusado dela permanecer distante;

Tal medida, que não se restringe apenas à vítima, também possui a finalidade de evitar que o agente venha praticar novos crimes, além de preservar a colheita de elementos probatórios, através do impedimento do agente em entrar em contato com testemunhas ou vítimas, por exemplo, visando intimidá-las.

Importante ressaltar que tal proibição em manter contato com determinada pessoa pode recair sobre qualquer meio de contato, seja pessoalmente, por meio telefônico, por e-mail, dentre outros.

3.5.4. Proibição de ausentar-se da comarca

O artigo 319, inciso IV, do Código de Processo Penal, prevê que:

> Art. 319. São medidas cautelares diversas da prisão:
>
> [...]

> IV – proibição de ausentar-se da Comarca quando a permanência seja conveniente ou necessária para a investigação ou instrução.

Essa medida possui a finalidade principal de assegurar a aplicação da lei penal e deve ser imposta quando a permanência do acusado for necessária para a investigação ou o processo criminal, evitando que o agente saia da Comarca onde está sendo investigado ou processado.

3.5.5. Recolhimento domiciliar

O artigo 319, inciso V, do Código de Processo Penal, prevê que:

> Art. 319. São medidas cautelares diversas da prisão:
>
> [...]
>
> V – recolhimento domiciliar no período noturno e nos dias de folga quando o investigado ou acusado tenha residência e trabalho fixos.

Trata-se de uma medida mais branda do que a prisão domiciliar, prevista ao teor dos artigos 317, 318, 318-A e 318-B, do Código de Processo Penal, possuindo a finalidade principal de assegurar a aplicação da lei penal, fundamentada na autodisciplina e comprometimento do agente.

3.5.6. Suspensão do exercício de função pública ou de atividade de natureza econômica ou financeira

O artigo 319, inciso VI, do Código de Processo Penal, prevê que:

> Art. 319. São medidas cautelares diversas da prisão:
>
> [...]
>
> VI – suspensão do exercício de função pública ou de atividade de natureza econômica ou financeira quando houver justo receio de sua utilização para a prática de infrações penais.

Trata-se de mais uma medida que possui a finalidade de evitar que o agente venha a cometer novos crimes, devendo ser utilizada apenas quando houver um nexo entre o crime praticado e a função ou atividade exercida pelo agente.

3.5.7. *Internação provisória*

O artigo 319, inciso VII, do Código de Processo Penal, prevê que:

> Art. 319. São medidas cautelares diversas da prisão:
>
> [...]
>
> VII – internação provisória do acusado nas hipóteses de crimes praticados com violência ou grave ameaça, quando os peritos concluírem ser inimputável ou semi-imputável (artigo 26 do Código Penal) e houver risco de reiteração.

A presente medida possui a finalidade de evitar a reiteração delitiva por parte de agentes inimputáveis ou semi-imputáveis, desde que o fato tenha sido perpetrado mediante violência ou grave ameaça, além da presença dos pressupostos vistos anteriormente.

> ***Atenção:*** de todas as medidas tratadas no presente capítulo, esta é única que não pode ser cumulada com as demais, vez que se trata verdadeiramente de uma medida restritiva de liberdade.

3.5.8. *Prestação de fiança*

O artigo 319, inciso VIII, do Código de Processo Penal, prevê que:

> Art. 319. São medidas cautelares diversas da prisão:
>
> [...]

> VIII – fiança, nas infrações que a admitem, para assegurar o comparecimento a atos do processo, evitar a obstrução do seu andamento ou em caso de resistência injustificada à ordem judicial.

3.5.9. *Monitoração eletrônica*

O artigo 319, inciso IX, do Código de Processo Penal, prevê que:

> Art. 319. São medidas cautelares diversas da prisão:
>
> [...]
>
> IX – monitoração eletrônica.

Esta medida possui a finalidade de assegurar a aplicação da lei, evitando que o investigado fuja para se eximir da responsabilização penal, através do uso de um dispositivo eletrônico de monitoramento, comumente afixado no tornozelo do agente, com o escopo de obter em tempo real a sua localização geográfica.

Tal medida, geralmente é cumulada com outras cautelares vistas anteriormente, visando ter um maior controle judicial da efetividade das outras, que muitas vezes não são cumpridas por ausência de mecanismos eficazes.

3.5.10. *Retenção de passaporte*

Conforme artigo 320, do Código de Processo Penal:

> Art. 320. A proibição de ausentar-se do País será comunicada pelo juiz às autoridades encarregadas de fiscalizar as saídas do território nacional, intimando-se o indiciado ou acusado para entregar o passaporte, no prazo de 24 (vinte e quatro) horas.

Nessa hipótese, o juiz, ao proibir que o agente se ausente do país, com o intuito de assegurar a aplicação da lei penal, o intimará para que faça a entrega de seu passaporte, evitando que o mesmo consiga sair do país.

Vale destacar que tal medida não se revela eficaz no âmbito do MERCOSUL, pois os países que o compõem não exigem que haja a apresentação do referido documento de identificação pessoal.

3.5.11. *Outras medidas cautelares diversas de prisão previstas em leis extravagantes*

Podemos mencionar ainda as seguintes medidas:

a) A medidas protetivas de urgência previstas no artigo 22, da Lei nº 11.340/06 (Lei Maria da Penha), aplicadas no âmbito da violência doméstica e familiar contra a mulher, nos termos da mencionada Lei;

b) A medida cautelar de afastamento de prefeitos, decretada pelo juiz que decidirá sobre a decretação da prisão preventiva ou da medida cautelar diversa da prisão, consubstanciada pelo afastamento do agente do exercício do seu cargo, nos termos do artigo 2º, inciso II, do Decreto-Lei nº 201/67;

c) O afastamento do magistrado do exercício do cargo, nos termos do artigo 29, da Lei Complementar nº 35/79;

d) A suspensão da permissão para dirigir veículo automotor, ou a proibição de sua obtenção, nas investigações envolvendo os crimes previstos na Lei nº 9.503/97 (Código de Trânsito Brasileiro), nos termos do artigo 294, da referida Lei.

Atenção: a medida cautelar de suspensão da permissão para dirigir tem uma considerável probabilidade de ser cobrada em provas de concursos, quando estivermos diante de crimes praticados no trânsito, máxime, em virtude da alteração legislativa trazida pela Lei nº 13.546/17, desde que reste demonstrado que a sua decretação é necessária para garantir a ordem pública.

Atenção: a formatação da peça segue as mesmas formalidades da representação por qualquer medida cautelar diversa de prisão, encontrando fundamento no artigo 294, do CTB, porém no pedido, o delegado de polícia deverá solicitar ao juiz, em caso de deferimento da medida, que oficie o DETRAN local, bem como o CONTRAN, nos termos do artigo 295, da referida Lei.

e) O afastamento do funcionário público das suas funções, quando do recebimento da denúncia, pela prática dos crimes de tráfico de drogas, nos termos do artigo 56, § 1º, da Lei nº 11.343/06 (Lei Antidrogas).

3.6. Modelo básico da peça

EXCELENTÍSSIMO SENHOR JUIZ DE DIREITO DA ___ VARA CRIMINAL DA COMARCA DE __________.

Inquérito Policial nº ____/____.

O delegado de polícia infrassignatário, representando a Polícia_________, no uso de suas atribuições constitucionais e legais, conferidas pelos artigos _________, vem a Vossa Excelência, representar pela decretação de medida cautelar diversa de prisão consistente em ________ (especificar a medida) em face de _________ (nome do representado), pelas razões fáticas e jurídicas a seguir expostas:

I – DOS FATOS

Qual foi o crime que ocorreu? Quando ocorreu? Local em que ocorreu? Quem são os envolvidos (vítima, suspeitos, testemunhas)? Qual a motivação? Outras informações relevantes.

II – DOS FUNDAMENTOS JURÍDICOS

a) prática delituosa – demonstrar o crime praticado.

b) cabimento – demonstrar a existência da condição trazida pelo artigo 283, § 1º, do Código de Processo Penal, certificando que o crime investigado é punido com pena privativa de liberdade.

c) requisitos cautelares – demonstrar que estão presentes, todos os requisitos cautelares relativos ao "fumus comissi delicti" e "periculum libertatis", este último, configurado pela necessidade e adequação da medida, nos termos do artigo 282, incisos I e II, do Código de Processo Penal, conforme visto acima.

III – DOS PEDIDOS

Diante do exposto, presentes os requisitos legais autorizadores da medida, com base no artigo __________, represento pela decretação medida cautelar diversa de prisão consistente em ________ (especificar a medida) em face de _________ (nome do investigado), por ser a medida de direito adequada ao caso.

Nestes termos, pede e espera deferimento.

Cidade, ___ de _________ de ______.

Delegado de Polícia

3.7. Caso proposto 1

Tramita na delegacia de polícia de repressão aos crimes contra a administração pública da cidade de Londrina – PR o inquérito policial número 010/2016 que apura a conduta do auditor fiscal estadual JC[1], que segundo a vítima LH teria, no dia 01/02/2016, solicitado a quantia de R$ 10.000,00 (dez mil reais) para deixar de fiscalizar seu estabelecimento comercial, tendo inclusive apresentado um vídeo caseiro do mencionado fato.[2]

O funcionário público JC não possui antecedentes criminais, mas durante a apuração do crime ora mencionado, restou demonstrado que JC já era investigado em outro inquérito policial, em uma cidade próxima à Londrina, pela mesma prática delitiva ocorrida no ano de 2014, bem como que ostentava um patrimônio incompatível com sua remuneração.

Também foi possível constatar pelas diligências já realizadas, que JC possui residência fixa, não é uma pessoa violenta, não ameaçou nenhuma testemunha e não é dado a outras práticas criminosas, sendo pessoa querida em seu meio social.

Restam ainda diversas diligências para serem realizadas no inquérito policial[3] número 10/2016, mas em razão da possibilidade de JC voltar a praticar a conduta descrita acima, na qualidade de delegado de polícia responsável pela apuração do caso, represente ao juiz pela medida cautelar cabível, demonstrando sua necessidade e fundamentação jurídica. [4]

Considerações sobre o caso proposto 1

1 Configuração dos indícios de autoria em relação a JC.

2 Neste momento já é possível responder a primeira pergunta essencial para a correta identificação da peça prático-profissional, ou seja, que o crime investigado se trata de corrupção passiva (artigo 317, § 1º, do Código Penal), não tendo a questão fornecido a tipificação legal. Importante lembrar que a corrupção passiva não está prevista no rol dos crimes autorizadores da medida cautelar da prisão temporária nem no rol dos crimes hediondos, afastando o cabimento da medida mencionada.

3 Neste momento é possível responder a segunda pergunta essencial para a correta identificação da peça prático-profissional, ou seja, a fase em que a investigação se encontra, que no caso, não é de conclusão, pois a banca deixou explícito que restam

diversas diligências a serem realizadas. Informação relevante para que o candidato exclua a possibilidade da elaboração de um relatório conclusivo cumulado com medidas cautelares.

4 Neste momento é possível responder a terceira pergunta essencial para a correta identificação da peça prático-profissional, ou seja, o que o delegado de polícia busca para o êxito das investigações, que no caso em tela, seria impedir que o investigado cometa novo crime de corrupção passiva.

3.8. Resolução do caso proposto 1 – Representação por medida cautelar diversa da prisão, consistente na suspensão do investigado do exercício de sua função pública.[1]

EXCELENTÍSSIMO SENHOR JUIZ DE DIREITO DA VARA CRIMINAL[2] DA COMARCA DE LONDRINA – PARANÁ.

Inquérito policial n° 10/2016.

O delegado de polícia infrassignatário, representando a Polícia Civil do Paraná, no uso de suas atribuições constitucionais e legais, conferidas pelos artigo 144, § 4º, da Constituição da República, artigo 2º, § 1º, da Lei nº 12.830/13, e artigos 4º, "caput"[3] e 282, § 2º[4], ambos do Código de Processo Penal, vem a Vossa Excelência, representar pela decretação de medida cautelar diversa de prisão consistente na suspensão do exercício de sua função pública de JC, qualificado nos autos do inquérito policial em epígrafe, pelas razões fáticas e jurídicas a seguir expostas:

I – DOS FATOS

O inquérito policial referido acima foi instaurado para apurar o crime corrupção passiva, tipificado ao teor do artigo 317, § 1º, do Código Penal[5], ocorrido no dia 01/02/2016, na cidade de Londrina – PR, praticado pelo auditor fiscal estadual JC, pelo fato do mesmo ter solicitado a quantia de R$ 10.000,00 (dez mil reais) da vítima LH para deixar de fiscalizar o estabelecimento comercial dela.[6]

A vítima apresentou um vídeo caseiro para comprovar a ocorrência do delito e durante as investigações restou demonstrado que JC já estava respondendo outro inquérito policial, numa cidade próxima à Londrina, referente a mesma conduta delitiva que teria sido praticada em 2014.

Também foi possível constatar pelas diligências já realizadas, que JC possui residência fixa, não é uma pessoa violenta, não ameaçou testemunhas e não é dado a outras práticas criminosas, sendo pessoa querida em seu meio social, embora ostente um patrimônio incompatível com sua remuneração.

Apesar dos fatos já apurados, restam ainda diversas diligências para serem realizadas no inquérito policial. [7]

II – DOS FUNDAMENTOS JURÍDICOS

Considerando os fatos acima narrados, observa-se que é plenamente cabível a decretação de medida cautelar diversa de prisão consistente na suspensão de JC do exercício de sua função pública, visto que restou materializada a ocorrência do delito de corrupção passiva, ensejando a tipificação do artigo 317, § 1º, do Código Penal, crime este, que possui pena privativa de liberdade cominada, nos termos do artigo 283, § 1º, do Código de Processo Penal.

A isso, somam-se os requisitos do "fumus comissi delicti"[8], afinal, faz-se necessário a prova da existência do crime e de indícios suficientes de autoria por parte do investigado[9], o que se encontra plenamente demonstrado nos autos; e do "periculum libertatis", que está no risco efetivo da utilização de sua função para a prática de outras infrações penais, pois conforme informações constantes nos autos, embora JC não possua antecedentes criminais, está sendo investigado em outro inquérito policial pela mesma prática delitiva.

Assim, vislumbra-se imprescindível ao caso ora investigado a decretação da medida cautelar prevista no artigo 319, inciso VI, do Código de Processo Penal para se evitar a prática de novas infrações penais, medida totalmente proporcional à gravidade do crime e circunstâncias pessoais do investigado[10], conforme exigência do artigo 282, incisos I e II, do Código de Processo Penal.

III – DO PEDIDO

Diante do exposto, presentes os requisitos legais autorizadores da medida, com amparo no artigo 319, inciso VI, do Código de Processo Penal[11], represento pela decretação da de medida cautelar diversa de prisão consistente na suspensão de JC do exercício de sua função pública, por ser a medida de direito adequada ao caso, conforme demonstrado na fundamentação exposta, após a oitiva do Ministério Público.

Nestes termos, pede e espera deferimento.

Londrina, de de 2014. [12]

Delegado de Polícia[13]

Considerações sobre a resolução do caso proposto 1

1 O caso ora apresentado não admite a representação da prisão temporária do investigado, conforme já visto. Também não seria proporcional ao caso, a representação pela prisão preventiva, levando-se em consideração seu caráter subsidiário. Assim, no presente caso é cabível, em razão de suas peculiaridades, a representação por medida cautelar diversa da prisão, consistente na suspensão do investigado do exercício de sua função pública.

2 Por tratar-se do crime de corrupção passiva.

3 Artigos que demonstram a competência do delegado de polícia para a condução das investigações criminais objetivando a apuração das infrações penais e sua consequente legitimidade para representar em Juízo.

4 Artigo específico que legitima o delegado de polícia a representar por medida cautelar diversa da prisão.

[5] Não utilizar abreviações, exceto se a questão já o fez, que não é o caso.

[6] Não inventar dados, o problema só forneceu a data, a cidade em que o crime foi praticado e os envolvidos, assim apenas esses dados devem ser inseridos na peça.

[7] Colocar os elementos fáticos essenciais para representação da medida cautelar, narrando sucinta e fielmente os dados fornecidos pela questão, ou seja, sem inventar qualquer informação, para não caracterizar identificação de prova. Lembrar das questões básicas a serem respondidas na narrativa do texto (Qual foi o crime que ocorreu? Quando ocorreu? Local em que ocorreu? Quem são os envolvidos (vítima, suspeitos, testemunhas)? Qual a motivação?), desde que tais informações tenham sido fornecidas.

[8] No computador as expressões em latim estariam em itálico (ou outra forma oficial de destaque), mas na prova, deve ser colocado entre aspas. Não grifar ou ressaltar de nenhum outro modo para não configurar identificação de prova.

[9] Como a questão não disse que João Gabriel foi indiciado, deve ser referido na peça como investigado.

[10] Nesta espécie de representação, deve ficar clara a proporcionalidade da medida diante do objetivo pretendido, o que demonstrará também sua efetividade, bem como a adequação às circunstâncias pessoais do investigado, que no caso, não possui antecedentes criminais, não está ameaçando testemunha, não é uma pessoa violenta, não demonstrou que tentará se furtar da aplicação da lei penal, dentre outros dados apresentados na questão.

[11] Importante colocar a fundamentação específica ao caso tratado.

[12] Só colocar os dados fornecidos pela questão, não inventar, neste caso só era possível saber a cidade e o ano.

[13] Não assinar a peça. Utilizar o cargo no masculino, mesmo que seja uma candidata do sexo feminino, exceto se a questão mencionar que a investigação está sendo presidida por uma delegada de polícia, situação em que se deve utilizar o cargo no feminino, mesmo que seja um candidato do sexo masculino.

3.9. Caso proposto 2

Na madrugada do dia 26 de agosto de 2018, por volta de 3h, no cruzamento da Avenida Domingos Ferreira com a Avenida Ribeiro de Brito, em Boa Viagem, Recife – PE, houve um acidente automobilístico, onde um motociclista de nome Roberto Gomes, que cruzava a Av. Domingos Ferreira foi atingido pelo veículo de José de Pádua, que vinha em alta velocidade e avançou o sinal vermelho.

Uma testemunha que passava pelo local noticiou que o veículo conduzido por José de Pádua trafegava em alta velocidade, seguido por um outro veículo, demonstrando estarem participando de um "racha", momento em que atingiu a vítima e se evadiu do local. A placa do carro de José de Pádua foi anotada pela referida testemunha, que também socorreu a vítima ao hospital.

Chegando à emergência do hospital, a vítima passou por uma cirurgia no fêmur e, apesar da gravidade, encontra-se em um quadro de saúde estável, mas sem previsão de alta em virtude das fraturas ósseas sofridas o que lhe deixará incapacitado para suas ocupações habituais pelo menos por 45 dias, segundo informações devidamente regiradas em laudos médicos.

Foi instaurado o inquérito policial 104/2018 para apurar a autoria do crime tipificado ao teor do artigo 308, § 1º, da Lei nº 9.503/97[1], tendo sido identificado o autor do fato, especialmente com base na numeração da placa fornecida pela testemunha, onde foi possível confirmar que o citado veículo é de propriedade de José de Pádua.

No curso das investigações, após inquirir a testemunha que presenciou o fato, a qual atestou o que havia visto, foram requisitadas as imagens das câmeras de monitoramento da Secretaria de Defesa Social, instaladas ao longo da avenida em que o crime ocorreu, sendo possível verificar que o veículo de José de Pádua encontrava-se em alta velocidade, sendo seguido por outro veículo também em alta velocidade, e que avançou o sinal vermelho, momento em que atingiu a vítima.

Ademais, o delegado de polícia presidente da investigação oficiou o DETRAN buscando informações sobre o veículo do investigado e no prontuário fornecido pelo referido Departamento, que foi juntado ao inquérito policial, José de Pádua, colecionada um extenso histórico de multas por excesso de velocidade, porém não havia sido suspensa a sua permissão para dirigir veículo automotor, por ausência de controle do DETRAN.

Ainda no curso das investigações, chegou ao conhecimento do delegado de polícia responsável pelas investigações que José de Pádua continuava a participar de "rachas" pelas avenidas da cidade do Recife, inclusive com exposição de imagens postadas nas redes sociais do investigado, o que restou confirmado.

José de Pádua foi interrogado e confessou que foi ele quem colidiu com a vítima dia 26 de agosto de 2018, porém, negou que estava em alta velocidade, negou ter avançado o sinal vermelho, bem como negou que estava participando de um "racha", alegando acreditar ter dormido no momento do acidente.

Ainda restam algumas diligências para a conclusão do inquérito policial[2], porém, conforme apurado até o momento, José de Pádua continua a praticar "rachas", não pensando sobre as possíveis consequências de seus atos, apesar de ter bom comportamento na sua vida social, residência fixa, emprego fixo, bons antecedentes, não ser uma pessoa violenta ou voltada à prática criminosa, com exceção dos "rachas" já mencionados.

Na qualidade de delegado de polícia que conduz a investigação, represente ao juiz pela medida cautelar cabível nesse momento. [3]

Considerações sobre o caso proposto 2

1 Neste momento já é possível responder a primeira pergunta essencial para a correta identificação da peça prático-profissional, ou seja, que o crime investigado trata-se de participação

em disputa automobilística não autorizada, em que resultou lesão grave à vítima (artigo 308, § 1º, da Lei nº 9.503/97), tendo o caso proposto fornecido a tipificação legal. Importante lembrar que tal crime não está previsto no rol dos crimes autorizadores da medida cautelar da prisão temporária nem no rol dos crimes hediondos, afastando o cabimento da medida mencionada.

[2] Neste momento é possível responder a segunda pergunta essencial para a correta identificação da peça prático-profissional, ou seja, a fase em que a investigação se encontra, que no caso, não é de conclusão, pois a banca deixou explícito que restam algumas diligências a serem realizadas. Informação relevante para que o candidato exclua a possibilidade da elaboração de um relatório conclusivo cumulado com alguma medida cautelar.

[3] Neste momento é possível responder a terceira pergunta essencial para a correta identificação da peça prático-profissional, ou seja, o que o delegado de polícia busca para o êxito das investigações, que no caso em tela seria impedir que o investigado continue tumultuando a ordem pública, aqui entendida como a segurança das vias públicas, colocando a vida e/ou a saúde de outras pessoas em risco, em razão de sua gana por disputar e ganhar "rachas".

3.10. Resolução do caso proposto 2 – Representação por medida cautelar diversa da prisão, consistente na suspensão da permissão do investigado para dirigir veículo automotor.[1]

EXCELENTÍSSIMO SENHOR JUIZ DE DIREITO DA VARA CRIMINAL[2] DA COMARCA DE RECIFE – PERNAMBUCO.

Inquérito policial n° 104/2018.

O delegado de polícia infrassignatário, representando a Polícia Civil de Pernambuco, no uso de suas atribuições constitucionais e legais, conferidas pelos artigo 144, § 4º, da Constituição da República, artigo 2º, § 1º, da Lei nº 12.830/13, artigo 4º, "caput", do Código de Processo Penal[3], e artigo 294, do Código de Trânsito Brasileiro[4], vem a Vossa Excelência, representar pela decretação de medida cautelar diversa de prisão consistente na suspensão da permissão para dirigir veículo automotor de José de Pádua, qualificado nos autos do inquérito policial em epígrafe, pelas razões fáticas e jurídicas a seguir expostas:

I – DOS FATOS

O inquérito policial referido acima foi instaurado para apurar o crime de participação em disputa automobilística não autorizada, que resultou lesão grave à vítima, tipificado ao teor do artigo 308, § 1º, da Lei nº 9.503/97, ocorrido na madrugada do dia 26 de agosto de 2018, por volta de 3h, no cruzamento da Avenida Domingos Ferreira com a Avenida Ribeiro de Brito, em Boa Viagem, Recife – PE, praticado por José de Pádua.

Conforme testemunha presencial do fato, o investigado José de Pádua conduzia seu veículo automotor em alta velocidade, sendo seguido por um outro veículo, demonstrando estarem participando de um "racha", momento em que atingiu a vítima Roberto Gomes e se evadiu do local, informações corroboradas pelas imagens das câmeras de monitoramento da Secretaria de Defesa Social.

A mencionada testemunha anotou a placa do carro de José de Pádua, informação relevante para a confirmação da autoria delitiva, uma vez que restou comprovado que o veículo envolvido no fato investigado é de propriedade de José de Pádua. Também foi possível constatar segundo prontuário do DETRAN, que o investigado possui um extenso histórico de multas por excesso de velocidade, porém não havia sido suspensa a sua permissão para dirigir veículo automotor, por ausência de controle do mencionado órgão.

A vítima foi encaminhada ao Hospital, passou por uma cirurgia no fêmur e, apesar da gravidade, encontra-se em um quadro de saúde estável, mas permanecerá incapacitado para suas ocupações habituais por pelo menos 45 dias, tudo devidamente registrado em laudos médicos.

José de Pádua foi interrogado e confessou que foi ele quem colidiu com a vítima dia 26 de agosto de 2018, porém, negou que estava em alta velocidade, negou ter avançado o sinal vermelho, bem como negou que estava participando de um "racha", alegando acreditar ter dormido no momento do acidente.

No curso das investigações, foi possível constatar que o investigado tem bom comportamento na sua vida social, mas continua a praticar "rachas", não pensando sobre as possíveis consequências de seus atos, inclusive expondo as imagens em suas redes sociais.[5]

II – DOS FUNDAMENTOS JURÍDICOS

Considerando os fatos acima narrados, observa-se que é plenamente cabível a decretação de medida cautelar diversa de prisão consistente na suspensão da permissão do investigado para dirigir veículo automotor, visto que restou materializada a ocorrência de um delito de trânsito, qual seja, a participação em disputa automobilística não autorizada, que resultou lesão grave à vítima, ensejando a tipificação do artigo 308, § 1º, da Lei nº 9.503/97.

A isso, somam-se os requisitos do "fumus comissi delicti"[6], afinal, faz-se necessário a prova da existência do crime e de indícios suficientes de autoria por parte do investigado[7], o que se encontra plenamente demonstrado nos autos; e do "periculum libertatis", que está na necessidade de garantir a ordem pública, aqui entendida como a segurança das vias públicas, em face da alta probabilidade do investigado continuar participando de "rachas" e colocando em risco a sua própria vida e as das demais pessoas.

Assim, vislumbra-se imprescindível ao caso ora investigado a decretação da medida cautelar diversa de prisão consistente na suspensão da permissão do investigado para dirigir veículo automotor, para se evitar a prática de novos crimes de trânsito, medida totalmente proporcional à gravidade do crime em tela e circunstâncias pessoais do investigado, que tem bom comportamento na sua vida social, residência fixa, emprego fixo, bons antecedentes, não é uma pessoa violenta ou voltada à prática criminosa em geral, mas conforme demonstrado nas investigações, pratica crimes e infrações de trânsito reiteradamente.[8]

III – DO PEDIDO

Diante do exposto, presentes os requisitos legais autorizadores da medida, com amparo no artigo 294, do Código de Trânsito Brasileiro[9], represento pela decretação da medida cautelar diversa de prisão consistente na suspensão da permissão para dirigir veículo automotor de José de Pádua, por ser a medida de direito adequada ao caso, conforme demonstrado na fundamentação exposta, ouvido o Ministério Público.

Requeiro ainda, que sejam oficiados o Conselho Nacional de Trânsito – CONTRAN e o órgão executivo de trânsito estadual – DETRAN, para tomarem conhecimento sobre a decretação da medida representada, conforme determinado no artigo 295, da Lei nº 9.503/97.

Nestes termos, pede e espera deferimento.

Recife, de de 2018. [10]

Delegado de Polícia[11]

Considerações sobre a resolução do caso proposto 2

1 O caso ora apresentado não admite a representação da prisão temporária do investigado, conforme já visto. Também não seria cabível a representação pela prisão preventiva, pois trata-se de crime preterdoloso. Assim, no presente caso é cabível, em razão de suas peculiaridades, a representação por medida cautelar diversa da prisão, consistente na suspensão da permissão ou da habilitação do investigado para dirigir veículo automotor.

2 Por se tratar do crime de participação em disputa automobilística não autorizada, que resultou lesão grave à vítima.

[3] Artigos que demonstram a competência do delegado de polícia para a condução das investigações criminais objetivando a apuração das infrações penais e sua consequente legitimidade para representar em Juízo.

[4] Artigo específico que legitima o delegado de polícia a representar por medida cautelar diversa da prisão, consistente na suspensão da permissão ou da habilitação do investigado para dirigir veículo automotor.

[5] Colocar os elementos fáticos essenciais para representação da medida cautelar, narrando sucinta e fielmente os dados fornecidos pela questão, ou seja, sem inventar qualquer informação, para não caracterizar identificação de prova. Lembrar das questões básicas a serem respondidas na narrativa do texto (Qual foi o crime que ocorreu? Quando ocorreu? Local em que ocorreu? Quem são os envolvidos (vítima, suspeitos, testemunhas)? Qual a motivação?), desde que tais informações tenham sido fornecidas.

[6] No computador as expressões em latim estariam em itálico (ou outra forma oficial de destaque), mas na prova, deve ser colocado entre aspas. Não grifar ou ressaltar de nenhum outro modo para não configurar identificação de prova.

[7] Como a questão não disse que José de Pádua foi indiciado, deve ser referido na peça como investigado.

[8] Nesta espécie de representação, deve ficar clara a proporcionalidade da medida diante do objetivo pretendido, o que demonstrará também sua efetividade, bem como a adequação às circunstâncias pessoais do investigado.

[9] Importante colocar a fundamentação específica ao caso tratado.

[10] Só colocar os dados fornecidos pela questão, não inventar, neste caso só era possível saber a cidade e o ano.

[11] Não assinar a peça. Utilizar o cargo no masculino, mesmo que seja uma candidata do sexo feminino, exceto se a questão mencionar que a investigação está sendo presidida por uma delegada de polícia, situação em que se deve utilizar o cargo no feminino, mesmo que seja um candidato do sexo masculino.

3.11. Caso proposto 3

Chegou ao conhecimento do delegado de polícia titular da 2ª Delegacia Especializada de Repressão à Corrupção e ao Crime Organizado (DRACO) de Recife/PE, por meio de uma notícia crime protocolada por um vereador da cidade de Vicência/PE, que o prefeito daquele município, a pessoa de Zeferino Santos, estava aplicando de forma irregular determinadas verbas públicas municipais.

Com base na mencionada notícia crime, o delegado de polícia, na qualidade de autoridade policial, após verificar a procedência da informação, instaurou inquérito policial para apurar o fato, tipificando-o preliminarmente nos termos do artigo 1º, inciso III, do Decreto-Lei 201/67.[1]

No curso das diligências restou constatado que o prefeito do município de Vicência, durante toda sua gestão, descumpria as formalidades legais e aplicava irregularmente as verbas reservadas para a educação, as quais estavam sendo destinadas para patrocinar eventos festivos daquela cidade.

Também foi possível constatar pelas diligências já realizadas, que outras verbas já estavam na iminência de serem destinadas de forma irregular para um futuro evento festivo a ser realizado.

Ainda restam várias diligências para serem realizadas no inquérito policial nº 147/2019[2], mas em razão da possibilidade da contumácia delitiva do prefeito e das repercussões futuras de sua gestão, na qualidade de delegado de polícia responsável pela investigação do fato represente pela medida cautelar cabível, demonstrando sua necessidade e fundamentação jurídica.[3]

Considerações sobre o caso proposto 3

1 Neste momento já é possível responder a primeira pergunta essencial para a correta identificação da peça prático-profissional, ou seja, que o delito investigado trata-se crime de responsabilidade consistente na aplicação indevida de verbas

públicas (artigo 1º, inciso III, do Decreto-Lei 201/67), tendo o caso proposto fornecido a tipificação legal. Importante lembrar que tal crime não está previsto no rol dos crimes autorizadores da medida cautelar da prisão temporária nem no rol dos crimes hediondos, afastando o cabimento da medida mencionada.

2 Neste momento é possível responder a segunda pergunta essencial para a correta identificação da peça prático-profissional, ou seja, a fase em que a investigação se encontra, que no caso, não é de conclusão, pois a banca explicitou que restam várias diligências a serem realizadas. Informação relevante para que o candidato exclua a possibilidade da elaboração de um relatório conclusivo cumulado com alguma medida cautelar.

3 Neste momento é possível responder a terceira pergunta essencial para a correta identificação da peça prático-profissional, ou seja, o que o delegado de polícia busca para o êxito das investigações, que no caso em tela seria impedir que o investigado continue destinando indevidamente as verbas públicas do município.

3.12. Resolução do caso proposto 3 – Representação por medida cautelar diversa da prisão, consistente no afastamento de prefeito do exercício do cargo.[1]

EXCELENTÍSSIMO SENHOR DESEMBARGADOR RELATOR DA CAMARA CRIMINAL DO TRIBUNAL DE JUSTIÇA DO ESTADO DE PERNAMBUCO[2].

Inquérito policial nº 147/2019.

O delegado de polícia infrassignatário, representando a Polícia Civil de Pernambuco, no uso de suas atribuições constitucionais e legais, conferidas pelos artigo 144, § 4º, da Constituição da República, artigo 2º, § 1º, da Lei nº 12.830/13 e artigos 4º, "caput"[3] e 282, § 2º,[4] ambos do Código de Processo Penal, vem a Vossa Excelência, representar pela decretação de medida cautelar de afastamento do prefeito

Zeferino Santos do exercício do cargo de prefeito de Vicência-PE, pelas razões fáticas e jurídicas a seguir expostas:

I – DOS FATOS

O inquérito policial referido acima foi instaurado para apurar o crime de responsabilidade consistente na aplicação indevida de verbas públicas, tipificado ao teor do artigo 1º, inciso III, do Decreto-Lei 201/67 em virtude de uma notícia crime em se afirmava que o prefeito do município de Vicência estava aplicando de forma irregular determinadas verbas públicas municipais.

Durante as investigações restou constatado que o prefeito investigado descumpria, durante a sua gestão, as formalidades legais e aplicava irregularmente as verbas reservadas para a educação, as quais eram atribuídas para patrocinar eventos festivos no município de Vicência.

Ademais, foi possível constatar que outras rendas já estavam na iminência de serem destinadas de forma irregular para um futuro evento festivo a ser realizado.[5]

II – DOS FUNDAMENTOS JURÍDICOS

Considerando os fatos acima narrados, observa-se que é plenamente cabível a decretação de medida cautelar diversa de prisão consistente no afastamento do investigado do exercício do cargo, visto que restou materializada a ocorrência do crime de responsabilidade consistente na aplicação indevida de verbas públicas, tipificado ao teor do artigo 1º, inciso III, do Decreto-Lei 201/67, crime este passível da presente medida, nos termos do artigo 2º, II, do mesmo diploma legal.

A isso, somam-se os requisitos do "fumus comissi delicti"[6], afinal, faz-se necessário a prova da existência do crime e de indícios suficientes de autoria por parte do investigado[7], o que se encontra plenamente demonstrado nos autos; e do "periculum libertatis", que está no risco efetivo da utilização do cargo para praticar de forma reiterada o crime ora investigado.

Assim, vislumbra-se imprescindível, proporcional e efetiva a decretação da medida cautelar afastamento do investigado do exercício do cargo de prefeito, para que o investigado deixe de aplicar indevidamente verbas públicas.[8]

III – DO PEDIDO

Diante do exposto, presentes os requisitos legais autorizadores da medida, com amparo no artigo 2º, inciso II, do Decreto-Lei 201/67[9], represento pela decretação de medida cautelar diversa da prisão consistente no afastamento do prefeito Zeferino Santos do exercício do cargo de prefeito de Vicência-PE, por ser a medida de direito adequada ao caso, conforme demonstrado na fundamentação exposta, após a oitiva do Ministério Público.

Nestes termos, pede e espera deferimento.

Recife, de de 2019.[10]

Delegado de Polícia[11]

Considerações sobre a resolução do caso proposto 3

1 O caso ora apresentado não admite a representação da prisão temporária do investigado, conforme já visto. Também não seria cabível a representação pela prisão preventiva, em razão da pena cominada. Assim, no presente caso é cabível, em razão de suas peculiaridades, a representação por medida cautelar diversa da prisão, consistente no afastamento do prefeito do exercício do cargo.

2 Por se tratar do crime de crime de responsabilidade consistente na aplicação indevida de verbas públicas (artigo 1º, inciso III, do Decreto-Lei 201/67). Importante citar que que segundo artigo 29, X, da Constituição da República, os prefeitos devem ser julgados perante o Tribunal de Justiça.

3 Artigos que demonstram a competência do delegado de polícia para a condução das investigações criminais objetivando a apuração das infrações penais e sua consequente legitimidade para representar em Juízo.

4 Artigo específico que legitima o delegado de polícia a representar por medida cautelar.

5 Colocar os elementos fáticos essenciais para representação da medida cautelar, narrando sucinta e fielmente os dados fornecidos pela questão, ou seja, sem inventar qualquer informação, para não caracterizar identificação de prova. Lembrar das questões básicas a serem respondidas na narrativa do texto (Qual foi o crime que ocorreu? Quando ocorreu? Local em que ocorreu? Quem são os envolvidos (vítima, suspeitos, testemunhas)? Qual a motivação?), desde que tais informações tenham sido fornecidas.

6 No computador as expressões em latim estariam em itálico (ou outra forma oficial de destaque), mas na prova, deve ser colocado entre aspas. Não grifar ou ressaltar de nenhum outro modo para não configurar identificação de prova.

7 Como a questão não disse que Zeferino Santos foi indiciado, deve ser referido na peça como investigado.

8 Nesta espécie de representação, deve ficar clara a proporcionalidade da medida diante do objetivo pretendido, o que demonstrará também sua efetividade, bem como a adequação às circunstâncias pessoais do investigado.

9 Importante colocar a fundamentação específica ao caso tratado.

10 Só colocar os dados fornecidos pela questão, não inventar, neste caso só era possível saber a cidade e o ano.

11 Não assinar a peça. Utilizar o cargo no masculino, mesmo que seja uma candidata do sexo feminino, exceto se a questão mencionar que a investigação está sendo presidida por uma delegada de polícia, situação em que se deve utilizar o cargo no feminino, mesmo que seja um candidato do sexo masculino.

II

MEDIDAS CAUTELARES DE NATUREZA PROBATÓRIA

1. REPRESENTAÇÃO PELA INTERCEPTAÇÃO DAS COMUNICAÇÕES TELEFÔNICAS

1.1. Conceito e natureza jurídica

Trata-se de uma medida cautelar de natureza probatória, utilizada de forma residual, mediante prévia autorização judicial, tendo como objetivo a colheita de elementos probatórios para investigação, através da captação de conversas telefônicas realizadas entre os interlocutores investigados por crime punido com pena de reclusão.

Vale destacar que a interceptação das comunicações telefônicas não deve ser confundida com a escuta, gravação, quebra de sigilo de dados telefônicos ou de dados cadastrais, nem com a interceptação, escuta ou gravação ambiental.

Neste estudo, nos interessa tratar apenas sobre a interceptação das comunicações telefônicas, enquanto a quebra de sigilo de dados telefônicos, a requisição de dados cadastrais e a interceptação ambiental, serão abordadas em tópicos específicos, porém, vale adiantar, de forma resumida, suas conceituações. Vejamos:

a) Quebra de sigilo de dados telefônicos: se relaciona aos dados pretéritos armazenados e documentados pelas operadoras de telefonia, no que se refere aos registros de chamadas telefônicas realizadas ou recebidas pelo investigado, onde constam as especificações acerca da data, do horário, dos números dos terminais telefônicos, da duração das chamadas e respectivas estações rádio base (ERB's).

> ***Atenção:*** é comum o pedido de interceptação das comunicações telefônicas ser cumulado com a quebra de sigilo de dados telefônicos.

> ***Atenção:*** o sigilo de dados telefônicos encontra-se protegido pelo artigo 5º, inciso X, da Constituição da República e a sua fundamentação legal encontra-se prevista no artigo 3º, inciso IV, da Lei nº 12.830/13 (Lei de Organizações Criminosas), diferentemente da interceptação telefônica.

b) Quebra de sigilo de dados cadastrais: trata-se apenas de informações relacionadas aos dados da pessoa do investigado (nome, filiação, endereço, CPF, RG, etc.) usuário de determinado terminal telefônico. Tal medida dispensa autorização judicial.

c) interceptação ambiental: é uma medida cautelar de caráter probatório, prevista na Lei de Organizações Criminosas (Lei nº 12.850/13), similar à interceptação telefônica, porém realizada através da captação de conversas realizadas entre os investigados, no ambiente onde se encontram.

1.2. Fundamento constitucional

A Constituição da República prevê em seu artigo 5º, inciso XII, a possibilidade da realização da interceptação das comunicações telefônicas, desde que cumpridos os requisitos trazidos no referido dispositivo constitucional, quais sejam, lei infraconstitucional regulamentadora, sua decretação por ordem de juiz competente e para fins de investigação criminal ou instrução processual penal.

Vejamos o que dispõe o mencionado inciso:

> Art. 5º [...]
>
> XII – é inviolável o sigilo da correspondência e das comunicações telegráficas, de dados e das comunicações telefônicas, salvo, no último caso, por ordem judicial, nas hipóteses e na forma que a lei estabelecer para fins de investigação criminal ou instrução processual penal.

Cumprindo os preceitos constitucionais, que transferiu a responsabilidade ao legislador infraconstitucional no sentido de definir as situações passíveis de decretação da interceptação das comunicações telefônicas, foi sancionada a Lei nº 9.296/96, que veio regulamentar as hipóteses de cabimento, legitimidade e os requisitos cautelares necessários para o deferimento da medida.

Vejamos o que diz o artigo 1º, da Lei nº 9.296/96:

> Art. 1º A interceptação de comunicações telefônicas, de qualquer natureza, para prova em investigação criminal e em instrução processual penal, observará o disposto nesta Lei e dependerá de ordem do juiz competente da ação principal, sob segredo de justiça.
>
> Parágrafo único. O disposto nesta Lei aplica-se à interceptação do fluxo de comunicações em sistemas de informática e telemática.

Atenção: a interceptação das comunicações telefônicas só será lícita se for decretada, exclusivamente, por autoridade judicial competente, em virtude do princípio da reserva de jurisdição.

1.3. Legitimidade

A legitimidade do delegado de polícia em representar pela medida cautelar de interceptação das comunicações telefônicas encontra-se prevista no artigo 3º, inciso I, da Lei nº 9.296/96, conforme o disposto abaixo:

> Art. 3º A interceptação das comunicações telefônicas poderá ser determinada pelo juiz, de ofício ou a requerimento:
>
> I – da autoridade policial, na investigação criminal.

1.4. Cabimento

A decretação da medida de interceptação das comunicações telefônicas só será admitida se estivermos diante de alguma investigação relacionada a crime punido com pena de reclusão, qualquer que seja o seu *quantum*.

Esse pressuposto de admissibilidade é previsto no artigo 2º, inciso III, da Lei nº 9.296/96, por meio de um raciocínio a contrário *sensu*. Vejamos:

> Art. 2º Não será admitida a interceptação de comunicações telefônicas quando ocorrer qualquer das seguintes hipóteses:

[...]

III – o fato investigado constituir infração penal punida, no máximo, com pena de detenção.

1.5. Requisitos cautelares

1.5.1. Fumus comissi delicti

Deverá existir indícios razoáveis de autoria ou participação em crime punido com reclusão para que seja decretada a medida cautelar de interceptação das comunicações telefônicas, nos termos do artigo 2º, inciso I, da Lei nº 9.296/96, previsto também a contrário *sensu*. Vejamos:

> Art. 2° Não será admitida a interceptação de comunicações telefônicas quando ocorrer qualquer das seguintes hipóteses:
>
> I – não houver indícios razoáveis da autoria ou participação em infração penal.

É importante destacar que o indício de autoria exigido pelo referido artigo, deve ser entendido como um elemento de prova mais tênue, com menor valor persuasivo, nos mesmos moldes que o Código de Processo Penal se refere à decretação da prisão preventiva. [1]

1.5.2. *Periculum in mora*

Esse requisito é o segundo pressuposto para a decretação da medida cautelar de interceptação das comunicações telefônicas, devendo ser compreendido pela sua indispensabilidade para se chegar aos objetivos da investigação, logicamente de forma a agiu para que não se perca elementos de provas que devem ser colhidos urgentemente, através do mencionado meio cautelar.

Esse requisito encontra-se previsto, também a contrário *sensu*, no inciso II, do artigo 2º, da mencionada Lei, nos seguintes termos:

> Art. 2° Não será admitida a interceptação de comunicações telefônicas quando ocorrer qualquer das seguintes hipóteses:
>
> [...]
>
> II – a prova puder ser feita por outros meios disponíveis.

Nesse sentido, devemos demonstrar na representação, notadamente na fundamentação jurídica, que a medida é indispensável (não há outro meio de consecução da prova)

1. LIMA. Renato Brasileiro. Legislação Criminal Especial Comentada. 5ª edição São Paulo: Editora Juspodivm, 2017, p. 336.

e que a mora da sua não decretação propiciará um grande prejuízo às investigações, no que se refere à colheita de provas.

Assim, deve ficar claro que se a medida não for deferida de imediato, não será possível provar a autoria ou participação dos representados no crime investigado.

> ***Atenção:*** deverá constar no caso concreto, que houve exaurimento (esgotamento) dos meios comuns de investigação policial, ainda que as investigações se encontrem no início, pois, para se demonstrar o exaurimento, basta que os outros meios se demonstrem inviáveis (insuficientes) para se alcançar a autoria delitiva.

1.6. Duração da medida

A duração da medida encontra-se prevista no artigo 5º, da Lei nº 9.296/96, que estipula o prazo de 15 (quinze) dias, devendo tal informação constar no pedido de representação.

Destaca-se que o referido prazo poderá ser prorrogado por diversas vezes sucessivamente, desde que seja indispensável para a colheita dos elementos de provas.

Vejamos o que dispõe o referido artigo:

> Art. 5º A decisão será fundamentada, sob pena de nulidade, indicando também a forma de execução da diligência, que não poderá exceder o **prazo de quinze dias**, **renovável por igual tempo** uma vez comprovada a indispensabilidade do meio de prova. [grifo nosso]

1.7. Modelo básico da peça

EXCELENTÍSSIMO SENHOR JUIZ DE DIREITO DA ___ VARA CRIMINAL DA COMARCA DE __________.

SIGILOSO

Inquérito Policial nº ____/____.

O delegado de polícia infrassignatário, representando a Polícia_________, no uso de suas atribuições constitucionais e legais, conferidas pelos artigos _________, vem a Vossa Excelência, representar pela interceptação das comunicações telefônicas do número de terminal telefônico _________, pelas razões fáticas e jurídicas a seguir expostas:

I – DOS FATOS

Qual foi o crime que ocorreu? Quando ocorreu? Local em que ocorreu? Quem são os envolvidos (vítima, suspeitos, testemunhas)? Qual a motivação? Outras informações relevantes.

II – DOS FUNDAMENTOS JURÍDICOS

a) prática delituosa – demonstrar o crime praticado.

b) cabimento – demonstrar a existência das condições trazidas pelo artigo 2º, inciso III, da Lei nº 9.296/96, ou seja, que o crime investigado é punido com pena de reclusão.

c) requisitos cautelares – demonstrar a presença dos requisitos trazidos pelo artigo 2º, incisos I e II, da referida Lei, o "fumus comissi delicti", consubstanciado por meio dos indícios de autoria ou participação em infração, notadamente punida com reclusão, e o "periculum in mora", demonstrado, pela indispensabilidade da medida e pelo perigo que a mora poderá trazer para as investigações.

III – DOS PEDIDOS

Diante do exposto, presentes os requisitos legais autorizadores da medida, com base nos fundamentos fáticos e jurídicos acima declinados, represento pela interceptação telefônica do número de terminal telefônico _________, a ser conduzida por essa autoridade policial, pelo prazo de 15 (quinze) dias, possibilitando a gravação e a transcrição das comunicações telefônicas pertinentes à investigação, por ser a medida de direito adequada ao caso.

Uma vez decretada a medida, requeiro a expedição do competente mandado, determinando às prestadoras de serviços de telefonia que:

a) _________ (transcrever os pedidos específicos, conforme veremos adiante).

b) _________.

Nestes termos, pede e espera deferimento.

Cidade, ___ de ________ de _____.

Delegado de Polícia

1.8. Caso proposto – concurso para delegado de polícia de Pernambuco de 2016

Na data de 12/7/2014, entre 00 h 40 min e 01 h 00 min, em via pública do Bairro de Prazeres, Recife – PE, João Félix da Silva, adolescente com dezessete anos de idade, mediante ação intencional de dois indivíduos que estavam em um veículo GM/Vectra de cor branca e placa não identificada, foi alvejado por vários disparos de arma de fogo e faleceu no local em decorrência dos ferimentos experimentados.[1] Uma equipe da delegacia de homicídios se dirigiu ao local do crime e verificou que junto ao corpo da vítima havia uma porção considerável de droga, aparentando ser cocaína, bem como um telefone celular de sua propriedade e uma bicicleta, que estava sendo utilizada pela vítima no momento em que ocorreu o crime.

No decorrer do exame pericial de local, foram localizados e recolhidos vários estojos e fragmentos de projéteis de calibres distintos, a saber: 9 mm e .40, evidenciando que as armas utilizadas teriam sido, no mínimo, duas pistolas. Quando do exame perinecroscópico, constatou-se que o cadáver apresentava cerca de quinze lesões características de perfurações produzidas por projéteis de arma de fogo, sendo que seis delas na região da face. Após a conclusão do exame pericial, o corpo foi removido ao Instituto de Medicina Legal. A equipe de investigação, ainda no local do crime, apurou, preliminarmente, a partir de declarações informais de Joaquim Domênico Neto e Maria Josefina Domênico, moradores do local, que dois indivíduos desconhecidos, cujas características não foi possível evidenciar, conduzindo o veículo citado, teriam sido os autores do crime. A genitora da vítima, Sr.ª Maria das Dores Serafim, entrevistada pela equipe de investigação, afirmou que João Félix da Silva estava sendo ameaçado de morte em razão de dívidas de drogas[2] e, nos dias anteriores ao crime, teria recebido inúmeras ligações telefônicas em seu telefone celular. Os autores do crime tomaram rumo ignorado após o delito, estando em local incerto e não sabido. O veículo GM/Vectra de cor branca utilizado na prática do homicídio foi abandonado em uma rodovia de acesso ao interior do estado e, após exame pericial, não foi possível a coleta de fragmentos de digitais, verificando-se, ainda, que se tratava de produto de roubo havido dias antes. A genitora da vítima, dias após o homicídio, passou a receber ligações telefônicas do número 081-6999.8888, ameaçando a ela e a seus familiares de morte caso eles colaborassem com a investigação policial[3]. No telefone celular da vítima, apreendido no local do crime, foram registradas várias ligações anteriores ao delito, originadas do mesmo número, ou seja, 081-6999.8888, sem a identificação de seu usuário[4]. Todas as informações mencionadas foram circunstanciadas em relatório de investigação preliminar e submetidas ao crivo do delegado de polícia competente, o qual, de imediato, instaurou o inquérito policial pertinente para a completa apuração dos fatos e suas circunstâncias.

Diante da situação hipotética apresentada e considerando que a investigação encontra-se na etapa inicial[5], tendo sido instaurado o competente inquérito policial sem êxito na individualização dos autores do crime, elabore, na condição de delegado de polícia, uma peça de natureza cautelar que melhor se adeque à situação, fundamentando-a de acordo com o que dispõe a legislação de regência.[6]

Considerações sobre o caso proposto

1 Neste momento já é possível responder a primeira pergunta essencial para a correta identificação da peça prático-profissional, ou seja, que o crime investigado se trata de um homicídio consumado, punido com pena de reclusão.

2 Aqui fica evidente que o homicídio teve como motivação a cobrança de dívida de drogas adquirida pela vítima, configurando a qualificadora da torpeza, nos termos do artigo121, § 2º, inciso I, do Código Penal. Neste caso a banca não forneceu a tipificação legal.

Destaca-se que existe entendimento no sentido de que o crime cometido em razão de dívida de drogas configuraria o motivo fútil previsto no inciso II, do § 2º, do artigo 121, do Código Penal, como adotado pela banca do concurso da Bahia de 2013, em que já no problema apresentado aos candidatos foi fornecida a tipificação legal, conforme consta no item 8.7, do Capítulo II, do Título III, da presente obra.

3 Restou evidente a impossibilidade da representação por medida cautelar pessoal, vez que, apesar dos autores do crime terem fugido após o cometimento do homicídio e estarem em local incerto, bem como terem ameaçado as testemunhas, os mesmos não foram identificados.

4 Configuração dos indícios de autoria em relação ao usuário do número de telefone citado, embora não identificado e demonstração da possibilidade e necessidade da medida cautelar probatória, visando justamente identificar tal usuário e conseguir provas relevantes para elucidação do crime.

5 Neste momento é possível responder a segunda pergunta essencial para a correta identificação da peça prático-profissional, ou seja, a fase em que a investigação se encontra, pois, a banca afirmou tratar-se da etapa inicial.

[6] Neste momento é possível responder a terceira pergunta essencial para a correta identificação da peça prático-profissional, ou seja, o que o delegado de polícia busca para o êxito das investigações, que no caso em tela, é a identificação dos autores e a consecução de novas provas, no intuito de evidenciar a conduta dos envolvidos. Importante mencionar que os meios comuns de investigação não foram suficientes para individualizar os autores do homicídio, sendo inviáveis diante da situação trazida.

1.9. Resolução do caso proposto – Representação por medida cautelar probatória de interceptação das comunicações telefônicas e de quebra de sigilo de dados telefônicos[1]

EXCELENTÍSSIMO SENHOR JUIZ DE DIREITO DO TRIBUNAL DO JURI[2] DA COMARCA DE RECIFE – PERNAMBUCO.

SIGILOSO[3]

Inquérito policial n° . [4]

O delegado de polícia infrassignatário, representando a Polícia Civil de Pernambuco, no uso de suas atribuições constitucionais e legais, conferidas pelos artigo 144, § 4º, da Constituição da República, artigo 2º, §§ 1º e 2º, da Lei nº 12.830/13, artigo 4º, "caput", do Código de Processo Penal[5], e artigo 3º, inciso I, da Lei nº 9.296/96[6], vem a Vossa Excelência, representar pela interceptação das comunicações telefônicas e pela quebra de sigilo de dados telefônicos do número 081-6999.8888, com fundamento nos artigos 1º, 2º, incisos I, II e III, e 5º, da Lei nº 9.296/96, que regulamentou o inciso XII, parte final, do artigo 5º, da Constituição Federal[7], pelas razões fáticas e jurídicas a seguir expostas:

I – DOS FATOS

O inquérito policial referido acima foi instaurado para apurar o crime de homicídio, praticado por dois indivíduos que estavam em um veículo GM/Vectra de cor branca, na data de 12/7/2014, entre 00 h 40 min e 01 h 00 min, em via pública do Bairro de Prazeres, Recife – PE, contra a vítima João Félix da Silva, adolescente com dezessete anos de idade, o qual foi alvejado por disparos de arma de fogo e faleceu no local em decorrência dos ferimentos experimentados.

Uma equipe da delegacia de homicídios atendeu ao local do crime e verificou que junto ao corpo da vítima havia considerável porção de droga, bem como um telefone celular de sua propriedade.

A equipe de investigação, ainda no local do crime, apurou, preliminarmente, a partir de declarações informais de Joaquim Domênico Neto e Maria Josefina Domênico, moradores do local, que dois indivíduos desconhecidos, cujas características não foram possíveis evidenciar, conduzindo o veículo citado, teriam sido os autores do crime.

A genitora da vítima, Maria das Dores Serafim, entrevistada pela equipe de investigação, afirmou que João Félix da Silva estava sendo ameaçado de morte em razão de dívidas de drogas e, nos dias anteriores ao crime, teria recebido inúmeras ligações telefônicas em seu celular. Disse ainda a referida senhora, que dias após o homicídio, passou a receber ligações telefônicas do número 081-6999.8888, ameaçando de morte a ela e a seus familiares caso eles colaborassem com as investigações policiais.

No telefone celular da vítima, apreendido no local do crime, foram registradas várias ligações anteriores ao delito, originadas do mesmo número, ou seja, 081-6999.8888, sem a identificação de seu usuário, havendo razoáveis indícios de que o seu usuário é um dos autores do delito que resultou na morte do adolescente João Félix da Silva.

Ainda, foi possível constatar pelas investigações já realizadas que os autores do crime tomaram rumo ignorado após o delito, estando em local incerto e não sabido. [8]

II – DOS FUNDAMENTOS JURÍDICOS

Considerando os fatos acima narrados, resta claro o cabimento da medida cautelar de interceptação de comunicações telefônicas do número 081-6999.8888, pois encontra-se demonstrada a materialidade do delito de homicídio qualificado, tipificado ao teor do artigo 121, § 2º, inciso I, do Código Penal[9], infração penal grave e punida com pena de reclusão, bem como o fato de não haver outro meio de prova disponível para a identificação da autoria delitiva, atendendo-se assim as exigências do artigo 2º, incisos II e III, da Lei nº 9.296/96.

A isso, somam-se os requisitos do "fumus comissi delicti"[10], afinal, existem indícios razoáveis de autoria ou participação no crime pelo usuário do terminal mencionado; e do "periculum in mora", que está no risco efetivo de frustração da aquisição de prova da autoria ou participação no crime caso a medida não seja deferida de imediato, causando grande prejuízo às investigações.

Assim, visando solucionar o crime e instruir o inquérito policial, faz-se imprescindível a decretação da interceptação das comunicações telefônicas e da quebra do sigilo dos dados telefônicos do número de terminal 081-6999.8888, pois é o único meio disponível e eficaz para obtenção de provas da identificação da autoria e individualização das condutas dos envolvidos.

Importante ainda, no que se refere a quebra do sigilo dos dados telefônicos, deixar clara a inexistência de garantia constitucional absoluta, portanto, embora constitucionalmente protegidas a intimidade e a privacidade das pessoas, conforme artigo 5º, inciso X, da Constituição da República, este direito dos investigados, no presente caso, deve ser relativizado por estar em rota de colisão com outras garantias constitucionais e por sua menor relevância diante do interesse público da investigação criminal.

III – DOS PEDIDOS

Diante do exposto, com fundamento nos artigos 1º, 2º, incisos I, II e III, e 5º, da Lei nº 9.296/96, que regulamentou o inciso XII, parte final, do artigo 5º, da Constituição Federal, represento pela decretação da interceptação das comunicações telefônicas e pela quebra do sigilo dos dados telefônicos do número de terminal 081-6999.8888, de seu respectivo EMEI, de outros que o sucedam ou de chips utilizados nos mesmos; pelo prazo de 15 (quinze) dias[11], possibilitando a gravação e a transcrição das comunicações telefônicas pertinentes à investigação, por ser a medida de direito adequada ao caso.

Uma vez decretadas as medidas acima, requeiro a expedição do competente mandado, determinando às prestadoras de serviços de telefonia[12] que:

a) disponibilizem condições técnicas para monitoramento gravado de áudio, de texto, de imagens, de Estações Rádio Base (ERB's)[13] e outras formas de comunicação porventura existentes, relativos ao terminal supracitado;

b) forneçam os extratos reversos do terminal mencionado, contendo datas, horários e durações de chamadas e mensagens tentadas, originadas e recebidas, agenda de contatos e informações sobre as Estações Rádio Base (ERB's) transmissoras das ligações, desde uma semana antes do crime até o final da interceptação ora representada[14];

c) fornecer todos os dados cadastrais existentes em poder das respectivas empresas referentes ao terminal interceptado[15] e aos interlocutores que com eles mantiverem ou tentarem contato, cujo contexto seja de interesse da investigação.

Solicita-se, por fim, a remessa das informações descritas nesta representação à autoridade policial requerente[16], nos moldes do que determina a legislação de regência[17], informando, desde já, que se for deferida a medida aqui requerida, as gravações das comunicações eventualmente interceptadas serão transcritas e acompanharão, em apenso, os autos do inquérito policial competente, nos termos do artigo 6º, § 1º, da Lei nº 9.296/96.

Nestes termos, pede e espera deferimento.

Recife, de de 2014. [18]

Delegado de Polícia[19]

Considerações sobre a resolução do caso proposto

1 Como já mencionado, não há possibilidade de representação por medida cautelar pessoal, uma vez que não foi identificado nenhum dos autores, mas é plenamente cabível a representação pela interceptação das comunicações telefônicas e pela quebra de sigilo de dados telefônicos do número fornecido no problema, o qual foi utilizado tanto para ameaçar vítima, por sua dívida de drogas, antes do crime, como para ameaçar seus familiares posteriormente. Atenção, quando a questão trouxer número de telefone e/ou IMEI, e deixar evidente que o mesmo se encontra ativo, geralmente a banca quer que o candidato represente pelas medidas já mencionadas, mas caso haja a informação da inatividade do número, restaria afastada a possibilidade da representação pela interceptação das comunicações telefônicas.

2 Por tratar-se do crime de homicídio.

3 Exigência legal constante nos artigos 1º e 8º, da Lei nº 9.296/96.

4 A questão não forneceu o número do inquérito policial, portanto, o campo deve ficar em branco. Não invente dados.

5 Artigos que demonstram a competência do delegado de polícia para a condução das investigações criminais objetivando a apuração das infrações penais e sua consequente legitimidade para representar em Juízo.

6 Artigo específico que legitima o delegado de polícia a representar pela interceptação das comunicações telefônicas.

7 Algumas bancas cobram a fundamentação da peça logo no preâmbulo, como ocorreu no presente caso.

8 Colocar os elementos fáticos essenciais para representação da medida cautelar, narrando sucinta e fielmente os dados fornecidos pela questão, ou seja, sem inventar qualquer informação, para não caracterizar identificação de prova. Lembrar das questões básicas a serem respondidas na narrativa do texto (Qual foi o crime que ocorreu? Quando ocorreu? Local em que ocorreu? Quem são os envolvidos (vítima, suspeitos, testemunhas)? Qual a motivação?), desde que tais informações tenham sido fornecidas.

9 Não utilizar abreviações, exceto se a questão já o fez, que não é o caso. Especificamente na prova ora trabalhada a banca não exigiu do candidato a tipificação legal, mas o comum é ser exigido.

10 No computador as expressões em latim estariam em itálico (ou outra forma oficial de destaque), mas na prova, deve ser colocado entre aspas. Não grifar ou ressaltar de nenhum outro modo para não configurar identificação de prova.

11 Item que deve estar presente na representação desta medida cautelar, demonstrando o conhecimento legal do candidato, foi uma das exigências do espelho da prova. Pedir a interceptação pelo prazo de 15 dias e não mencionar que é renovável por igual tempo, pois o pedido deve ser claro, o candidato deve demonstrar exatamente o que está pedindo. A renovação da interceptação seria outra peça.

12 Neste caso não foram informadas as operadoras, portanto, o candidato não deve especificá-las, pois poderia ser interpretado como identificação de prova (inserção de dados novos). Caso tivesse sido informado na questão, deveria estar especificado no pedido, como já caiu em concurso diverso do ora tratado.

13 O espelho da prova não exigiu o pedido do monitoramento real das Estações Rádio Base, apenas o histórico dos dados delas, constante no item "b", porém, é um pedido possível e relevante.

14 No espelho da prova foi cobrado a quebra dos dados a partir da interceptação. Embora seja relevante a quebra dos dados neste período, é tão ou mais relevante a quebra dos dados na época do cometimento do crime, especialmente porque o problema traz a informação de que o terminal telefônico era usado para ameaçar a vítima dias antes do crime. Portanto, o pedido dessa forma, propiciaria elementos probatórios relevantes para as investigações.

15 Não necessita de autorização judicial e na prática já teriam sido requisitados estes dados pelo delegado de polícia (artigo 6º, inciso III, do Código de Processo Penal, artigo 2º, § 2º, da Lei nº 12.830/13, artigo 17-B, da Lei nº 9.613/98 e artigo 15 da Lei nº 12.850/13), mas como o problema não forneceu e trata-se de uma peça de prova de concurso, é conveniente pedir.

[16] Se o problema tivesse fornecido o e-mail do delegado de polícia ou de algum investigador, como já ocorreu em concurso diverso do ora tratado, o candidato deveria pedir a remessa das informações através deste, mas não foi o caso.

[17] O espelho da prova terminou aqui, mas seria conveniente o candidato demonstrar ao examinador que tem conhecimento da exigência legal exposta no final do parágrafo.

[18] Só colocar os dados fornecidos pela questão, não inventar, neste caso só era possível saber a cidade e o ano.

[19] Não assinar a peça. Utilizar o cargo no masculino, mesmo que seja uma candidata do sexo feminino, exceto se a questão mencionar que a investigação está sendo presidida por uma delegada de polícia, situação em que se deve utilizar o cargo no feminino, mesmo que seja um candidato do sexo masculino.

2. REPRESENTAÇÃO PELA QUEBRA DE SIGILO DE DADOS TELEFÔNICOS

2.1. Conceito e natureza jurídica

Inicialmente é importante destacar que a interceptação das comunicações telefônicas não se confunde com a quebra de sigilo de dados telefônicos. O primeiro caso diz respeito ao conteúdo das comunicações que estão acontecendo em tempo real, enquanto o segundo, se relaciona a informações de chamadas telefônicas já realizadas (pretérito).

Nesse sentido, a quebra de sigilo de dados telefônicos nada mais é do que uma medida cautelar que permite o acesso, pelo delegado de polícia, ao conteúdo pretérito de chamadas armazenadas e documentadas pelas operadoras de telefonia, onde constam as especificações acerca da data, do horário, dos números dos terminais telefônicos, da duração das comunicações realizadas pelos investigados e estações rádio base (ERB's).

2.2. Fundamento Constitucional

O fundamento constitucional da quebra de sigilo de dados telefônicos não se encontra no artigo 5º, inciso XII, da Constituição da República, que resguarda o sigilo das correspondências, das comunicações telegráficas, de dados e telefônica, mas encontra-se presente no inciso X do referido artigo constitucional, que se relaciona à questão da inviolabilidade da intimidade e da vida privada.

Vejamos o que dispõe a norma constitucional:

> Art. 5º [...]
>
> X – são invioláveis a intimidade, a vida privada, a honra e a imagem das pessoas, assegurado o direito a indenização pelo dano material ou moral decorrente de sua violação.

Perceba que o mencionado dispositivo não traz possibilidades de decretação da quebra da intimidade mediante ordem judicial, conforme dispõe o inciso XII, que trata sobre o sigilo das comunicações telefônicas (interceptação telefônica).

No entanto, devemos entender que não existe garantia constitucional absoluta, possibilitando assim, uma mitigação do direto à intimidade e à vida privada, quando outra garantia constitucional de interesse público for atacada e, diante dos fatos, for necessária a violação da intimidade e da vida privada do investigado, visando salvaguardar esse interesse público.

Nesse sentido, na representação pela medida cautelar de quebra de sigilo de dados telefônicos, deve ficar demonstrada claramente a inexistência de garantia constitucional absoluta, bem como a relativização do direito à intimidade e à vida privada, previstos no artigo 5º, inciso X, da Constituição da República, quando estes entrarem em rota de colisão com outras garantias constitucionais.

Assim, deve ficar claro que o interesse público das investigações policiais não deve ser impedido pelo direito individual da intimidade e da vida privada dos investigados, quando da prática de crime.

2.3. Legitimidade

Não há dispositivo legal que traga um rol prevendo os legitimados para pleitearem a medida cautelar de quebra de sigilo de dados telefônicos, porém, devemos referenciar, no preâmbulo da peça, os artigos gerais relacionados à legitimidade investigativa do delegado de polícia, quais sejam, o artigo 144, § 1º, incisos I e IV (Polícia Federal) ou § 4º (Polícia Civil), artigo 2º, § 1º, da Lei nº 12.830/13 e artigo 4º, do Código de Processo Penal.

2.4. Cabimento

A previsão legal que traz a hipótese de cabimento da quebra de sigilo de dados telefônicos encontra-se expressa no artigo 3º, inciso IV, da Lei nº 12.850/13, o qual versa sobre organização criminosa, conceituada pelo artigo 1º, § 1º, da mesma Lei.

Vejamos incialmente o dispositivo que trata sobre o conceito de organização criminosa:

> Art. 1º Esta Lei define organização criminosa e dispõe sobre a investigação criminal, os meios de obtenção da prova, infrações penais correlatas e o procedimento criminal a ser aplicado.
>
> § 1º Considera-se organização criminosa a associação de 4 (quatro) ou mais pessoas estruturalmente ordenada e caracterizada pela divisão de tarefas, ainda que informalmente, com objetivo de obter, direta ou indiretamente, vantagem de qualquer natureza, mediante a prática de infrações penais cujas penas máximas sejam superiores a 4 (quatro) anos, ou que sejam de caráter transnacional.

Vejamos agora o dispositivo que permite a quebra de sigilo de dados telefônicos na apuração de fatos que envolva organizações criminosas:

> Art. 3º – Em qualquer fase da persecução penal, serão permitidos, sem prejuízo de outros já previstos em lei, os seguintes meios de obtenção da prova:
>
> [...]
>
> IV – acesso a registros de ligações telefônicas e telemáticas, a dados cadastrais constantes de bancos de dados públicos ou privados e a informações eleitorais ou comerciais.

Nesse sentido, percebemos que a quebra de sigilo de dados telefônicos será admita quando a investigação envolver crimes praticados por organizações criminosas, porém, devemos enxergar tal dispositivo de forma mitigada, de modo a admitir a decretação de tal medida mesmo quando não estivermos diante de uma organização criminosa.

> ***Atenção:*** geralmente as provas de concursos cobram a quebra de sigilo de dados telefônicos em conjunto com a interceptação telefônica, ou, se for cobrada de forma isolada, certamente envolverá uma organização criminosa.

2.5. Requisitos cautelares

2.5.1. Fumus comissi delicti

Como ocorre em toda medida cautelar prevista em nosso ordenamento jurídico, devemos prezar sempre pela presença do *fumus comissi delicti* como indispensável à sua decretação, consubstanciado pelos indícios de autoria ou participação em infração penal.

Note que não existe exigência expressa na lei acerca de tal requisito cautelar para a decretação da medida ora tratada, porém, não podemos olvidar da sua necessidade para satisfação da representação.

2.5.2. *Periculum in mora*

Também não encontramos este requisito previsto em nenhum dispositivo relacionado à presente medida, porém, devemos prezar pela demonstração de que a mora da não decretação da quebra de sigilo de dados telefônicos, propiciará grande prejuízo para as investigações, no que se refere à colheita de provas.

2.6. Modelo básico da peça

EXCELENTÍSSIMO SENHOR JUIZ DE DIREITO DA ___ VARA CRIMINAL DA COMARCA DE __________.

SIGILOSO

Inquérito Policial nº ____/____.

O delegado de polícia infrassignatário, representando a Polícia_________, no uso de suas atribuições constitucionais e legais, conferidas pelos artigos _________, vem a Vossa Excelência, representar pela quebra de sigilo de dados telefônicos do número de terminal telefônico _________, pelas razões fáticas e jurídicas a seguir expostas:

I – DOS FATOS

Qual foi o crime que ocorreu? Quando ocorreu? Local em que ocorreu? Quem são os envolvidos (vítima, suspeitos, testemunhas)? Qual a motivação? Outras informações relevantes.

II – DOS FUNDAMENTOS JURÍDICOS

a) prática delituosa – demonstrar o crime praticado, notadamente no que se refere a sua prática por organizações criminosas (artigo 1º, § 1º, da Lei nº 12.850/13).

b) cabimento – demonstrar que estamos diante de uma organização criminosa e que, de acordo com o artigo 3º, inciso IV, da Lei nº 12.850/13, será admitida a presente medida cautelar.

c) requisitos cautelares – demonstrar a presença dos requisitos essenciais que são o "fumus comissi delicti", consubstanciado por meio dos indícios de autoria ou participação em organizações criminosas, e o "periculum in mora", verificado pela necessidade premente da medida, onde a sua mora poderá trazer graves prejuízos para as investigações.

III – DOS PEDIDOS

Diante do exposto, com base nos fundamentos jurídicos acima declinados, notadamente no artigo 3º, inciso IV, da Lei nº 12.850/13, represento pela quebra de sigilo de dados telefônicos do terminal de número __________ e requeiro a expedição do competente mandado, determinando às prestadoras de serviços de telefonia, que:

a) _________ (transcrever os pedidos específicos, conforme veremos adiante).

b) _________.

Nestes termos, pede e espera deferimento.

Cidade, ___ de _________ de ______.

Delegado de Polícia

2.7. Caso proposto 1

Na cidade de João Pessoa, no dia 22/05/2017, às 10h da manhã, ocorreu um assalto a uma financeira privada, crime este, praticado por quatro pessoas fortemente armadas com fuzis AK-47, as quais estavam com o corpo todo coberto com roupas e sapatos pretos, bem como máscaras que impossibilitavam qualquer identificação. [1]

Os clientes e funcionários que estavam no estabelecimento foram rendidos e nenhuma das testemunhas conseguiu fornecer algum dado relevante sobre o momento da ocorrência do crime que possibilitasse a suspeita de autoria. [2]

Foi instaurado inquérito policial pertinente para a completa apuração dos fatos e suas circunstâncias e durante as diligências preliminares, chegou ao conhecimento da equipe policial que o crime teria sido praticado por uma grande organização criminosa, composta por dois líderes responsáveis pelo planejamento dos assaltos, as quatro pessoas citadas e encarregadas pela execução, e outro grupo que além de ajudar na fuga, se encarregava de esconder o dinheiro obtido, para futuramente destinarem a aquisição de objetos utilizados na prática de novos assaltos a instituições financeiras.[3]

Os policiais obtiveram a informação ainda, de que tal organização criminosa se comunicava por telefone, mas que sempre após a execução dos assaltos, seus integrantes quebravam os chips e celulares para não serem identificados e que um dos envolvidos no crime era a pessoa conhecida pelo apelido de "Flash", o qual usava o número de terminal 88-92222-3333, que está desativado.[4]

As investigações não evoluem, os policiais não conseguiram identificar quem é "Flash", diante da situação hipotética apresentada e considerando que a investigação encontra-se na etapa inicial[5], elabore, na condição de delegado de polícia, uma representação de natureza cautelar[6] que melhor se adeque à situação, fundamentando-a de acordo com o que dispõe a legislação de regência.[7]

Considerações sobre o caso proposto 1

1 Neste momento já é possível responder a primeira pergunta essencial para a correta identificação da peça prático-profissional, ou seja, que o crime investigado se trata de um roubo majorado pelo emprego de arma de fogo e pelo concurso de pessoas (artigo 157, § 2º, inciso II e § 2º-A, inciso I, do Código Penal).

2 Restou evidente a impossibilidade da representação por medida cautelar pessoal, vez que não foi possível a identificação os autores do crime.

3 Caracterização do cometimento do crime por uma organização criminosa.

4 Atenção, pois embora tenha sido fornecido o número de um terminal telefônico, restou evidente a impossibilidade da representação por medida cautelar de interceptação telefônica, vez que o referido terminal se encontra desativado.

5 Neste momento é possível responder a segunda pergunta essencial para a correta identificação da peça prático-profissional, ou seja, a fase em que a investigação se encontra, que neste caso é a fase inicial, vez que banca deixou claro que as investigações não evoluíram.

6 Dica clara de que não seria possível elaborar um simples ofício de requisição de dados cadastrais do terminal telefônico, já que está sendo cobrada a elaboração de uma medida cautelar.

7 Neste momento é possível responder a terceira pergunta essencial para a correta identificação da peça prático-profissional, ou seja, o que o delegado de polícia busca para o êxito das investigações, que no caso em tela é a identificação do chamado "Flash" e dos demais autores do roubo, bem como a consecução de novas provas, no intuito de evidenciar a conduta dos envolvidos. Importante mencionar que os meios comuns de investigação não foram suficientes para individualizar os autores do roubo.

2.8. Resolução do caso proposto 1 – Representação por medida cautelar de quebra de sigilo de dados telefônicos [1]

EXCELENTÍSSIMO SENHOR JUIZ DE DIREITO DA VARA CRIMINAL DA COMARCA DE JOÃO PESSOA – PARAÍBA. [2]

SIGILOSO

Inquérito policial n° . [3]

O delegado de polícia infrassignatário, representando a Polícia Civil da Paraíba, no uso de suas atribuições constitucionais e legais, conferidas pelos artigo 144, § 4º, da Constituição da República, artigo 2°, §§ 1° e 2º, da Lei nº 12.830/2013 e artigo 4º, "caput", do Código de Processo Penal[4], vem a Vossa Excelência, representar pela quebra de sigilo de dados telefônicos do terminal de número 88-92222-3333, pelas razões fáticas e jurídicas a seguir expostas:

I – DOS FATOS

O inquérito policial referido acima foi instaurado para apurar o crime de roubo majorado pelo emprego de arma de fogo e pelo concurso de pessoas, tipificado ao teor do artigo 157, § 2º, inciso II e § 2º-A, inciso I, do Código Penal, ocorrido às 10h, do dia 22/05/2017, em uma instituição financeira privada, na cidade de João Pessoa – PB, praticado por quatro pessoas fortemente armadas com fuzis AK-47, com o corpo todo coberto com roupas e sapatos pretos, bem como máscaras que impossibilitavam qualquer identificação.

Nenhuma testemunha que estava no local conseguiu fornecer algum dado relevante sobre o momento da ocorrência do crime que possibilitasse a suspeita de autoria.

Durante as diligências preliminares, chegou ao conhecimento da equipe policial que o crime teria sido praticado por uma grande organização criminosa, composta por dois líderes responsáveis pelo planejamento dos assaltos, as quatro pessoas citadas e encarregadas pela execução, e outro grupo que ajudava na fuga e se encarregava de esconder o dinheiro para futuramente destinarem a aquisição de objetos utilizados na prática de novos assaltos a instituições financeiras.

Os policiais obtiveram a informação ainda, de que tal organização criminosa se comunicava por telefone, mas que após a execução dos assaltos, seus integrantes quebravam os chips e celulares para não serem identificados e que um dos envolvidos no crime era a pessoa conhecida pelo apelido de "Flash", que não foi identificado e que usava o número de terminal 88-92222-3333, que está desativado.

As investigações não evoluíram pelos meios convencionais, estando o inquérito policial em fase inicial. [5]

II – DOS FUNDAMENTOS JURÍDICOS

Considerando os fatos acima narrados, resta claro o cabimento da medida cautelar representada, pois o crime investigado trata-se de roubo majorado pelo emprego de arma de fogo e concurso de pessoas, tipificado ao teor do artigo 157, § 2º, inciso II e § 2º-A, inciso I, do Código Penal, infração penal punida com pena máxima acima de quatro anos, praticado por demonstrada organização criminosa, conforme previsto no artigo 1º, § 1º, da Lei nº 12.850/13.

A isso, somam-se os requisitos do "fumus comissi delicti"[6], afinal, existem indícios de autoria pela organização criminosa em que faz parte a pessoa conhecida pelo apelido de "Flash" no crime de roubo majorado; e do "periculum in mora", que está no risco efetivo de frustração da aquisição de prova da autoria ou participação no crime investigado se a medida não for deferida, causando grande prejuízo às investigações.

Assim, visando solucionar o crime e instruir o inquérito policial, faz-se imprescindível a decretação quebra de sigilo de dados telefônicos do terminal de número 88-92222-3333, pois demonstra ser o único meio eficaz para obtenção de provas da identificação da autoria e individualização das condutas, pois embora o mencionado terminal já esteja desativado, será possível identificar os terminais que tiveram contato com ele, bem como suas estações rádio base, demonstrando o local em que estavam no momento do crime.

Importante ainda, deixar clara a inexistência de garantia constitucional absoluta, portanto, embora constitucionalmente protegidas a intimidade e a privacidade das pessoas, conforme artigo 5º, inciso X, da Constituição da República, este direito dos investigados, no presente caso, deve ser relativizado por estar em rota de colisão com outras garantias constitucionais e por sua menor relevância diante do interesse público da investigação criminal.

III – DOS PEDIDOS

Em razão do exposto, com fundamento no artigo 3º, inciso IV, da Lei nº 12.850/13[7], represento pela quebra de sigilo de dados telefônicos do terminal de número 88-92222-3333 e requeiro a expedição do competente mandado às prestadoras de serviços de telefonia[8], determinando que forneçam:

a) o cadastro completo[9] e o extrato reverso do terminal referido acima, com a agenda de contatos, as mensagens e os registros de chamadas, realizadas e tentadas, geradas e recebidas, a duração das chamadas e as respectivas ERB's, bem como a identificação, o cadastro completo e as ERB's de todos os números que tiveram ou tentaram contato com o mencionado terminal; no período de um mês[10] antes do crime ora investigado até a data da desativação do número 88-92222-3333;

b) a listagem de todos os terminais telefônicos, com seus respectivos cadastros, que sinalizaram operação na ERB referente ao local em que encontra-se situada a financeira[11] onde o assalto foi praticado, no dia 22/05/2017, no horário compreendido entre 09h e 11h[12], especificando o horário exato em que os terminais mencionados sinalizaram operação, bem como a identificação e cadastro de seus interlocutores.

Solicita-se, também, a remessa das informações descritas nesta representação à autoridade policial requerente, nos moldes do que determina a legislação de regência. [13]

Por fim, requer a autuação do pedido em apartado e que seja decretado o sigilo da investigação, para assegurar a eficácia da apuração, bem como para proteger o direito à intimidade das pessoas referidas durante as investigações, inclusive dos investigados.

Nestes termos, pede e espera deferimento.

João Pessoa, de de 2017. [14]

Delegado de Polícia[15]

Considerações sobre a resolução do caso proposto 1

1 Como já mencionado, não há possibilidade de representação por medida cautelar pessoal, uma vez que não foi identificado nenhum dos autores, apenas o apelido de um deles, sem

qualquer individualização. Também não há possibilidade de representação pela interceptação das comunicações telefônicas, vez que o número informado se encontra inativo. Deste modo, é cabível a representação pela quebra de sigilo de dados telefônicos do número fornecido no problema, o qual, segundo investigações preliminares, era utilizado por um dos autores do crime, conhecido como "Flash".

2 Por tratar-se do crime de roubo.

3 A questão não forneceu o número do inquérito policial, portanto, o campo deve ficar em branco. Não invente dados.

4 Artigos que demonstram a competência do delegado de polícia para a condução das investigações criminais objetivando a apuração das infrações penais e sua consequente legitimidade para representar em Juízo.

5 Colocar os elementos fáticos essenciais para representação da medida cautelar, narrando sucinta e fielmente os dados fornecidos pela questão, ou seja, sem inventar qualquer informação, para não caracterizar identificação de prova. Lembrar das questões básicas a serem respondidas na narrativa do texto (Qual foi o crime que ocorreu? Quando ocorreu? Local em que ocorreu? Quem são os envolvidos (vítima, suspeitos, testemunhas)? Qual a motivação?), desde que tais informações tenham sido fornecidas.

6 No computador as expressões em latim estariam em itálico (ou outra forma oficial de destaque), mas na prova, deve ser colocado entre aspas. Não grifar ou ressaltar de nenhum outro modo para não configurar identificação de prova.

7 Importante colocar a fundamentação específica ao caso tratado.

8 Neste caso não foram informadas as operadoras, portanto, o candidato não deve especificá-las, pois poderia ser interpretado como identificação de prova (inserção de dados novos). Caso tivesse sido informado na questão, deveria estar especificado no pedido.

9 Não necessita de autorização judicial e na prática já teriam sido requisitados estes dados pelo delegado de polícia (artigo 6º, inciso III, do Código de Processo Penal, artigo 2º, § 2º, da Lei nº 12.830/13, artigo 17-B, da Lei nº 9.613/98 e artigo 15 da Lei nº 12.850/13), mas como o problema não forneceu e

trata-se de uma peça de prova de concurso, é conveniente pedir.

[10] Se for possível, pelos dados fornecidos, estipular um prazo razoável.

[11] Se a questão tivesse fornecido o endereço exato, deveria ser mencionado neste pedido.

[12] Colocar um período próximo ao da ocorrência do crime.

[13] Se a questão tivesse fornecido o e-mail do delegado de polícia ou de algum investigador, o candidato deveria pedir a remessa das informações através da fonte fornecida.

[14] Só colocar os dados fornecidos pela questão, não inventar, neste caso só era possível informar a cidade e o ano.

[15] Não assinar a peça. Utilizar o cargo no masculino, mesmo que seja uma candidata do sexo feminino, exceto se a questão mencionar que a investigação está sendo presidida por uma delegada de polícia, situação em que se deve utilizar o cargo no feminino, mesmo que seja um candidato do sexo masculino.

2.9. Caso proposto 2

No dia 02 de outubro de 2018 foi localizado um corpo sem vida, de uma pessoa do sexo masculino, aparentando entre 20 e 30 anos de idade, trajando roupa social, em um terreno baldio localizado na Rua São Geraldo, em João Pessoa – PB, tendo sido devidamente acionada a Polícia Civil.

Foi realizada a perícia em local de crime, onde se constatou que a vítima foi alvejada por dois disparos de arma de fogo na região do tórax, tendo um terceiro disparo atingido um aparelho celular que estava no bolso de sua camisa. O corpo foi encaminhado ao IML para realização de exame cadavérico e não foi identificado.

Foi instaurado o competente Inquérito Policial nº 350/2018 para apuração do homicídio e, durante as investigações preliminares, foi possível verificar que a vítima não era conhecida pelos moradores e comerciantes dos arredores do local do crime, bem como que o aparelho celular localizado no bolso de sua camisa não tinha condições de funcionamento, embora tenha sido possível visualizar o número de seu IMEI 111111111111111. [1]

Na condição de delegado de polícia responsável pelas investigações, baseado nas informações obtidas até o momento e sabendo que se passaram poucos dias da descoberta do crime, formalize a peça prático-profissional cabível, visando a identificação da vítima.

Considerações sobre o caso proposto 2

1 Informação importante para elaboração da peça cabível, vez que com o IMEI do aparelho celular há possibilidade de requisição do cadastro de registro do aparelho celular, informação que certamente ajudará na identificação da vítima.

2.10. Resolução do caso proposto 2 – Ofício de requisição de dados cadastrais telefônicos do aparelho da vítima

Ofício nº .

João Pessoa, de outubro de 2018.[1]

A Sua Senhoria o Senhor

Gerente da Operadora de Telefonia [2]

Operadora de Telefonia [3]

Assunto: Requisição de dados cadastrais telefônicos.

Ref. IP nº 350/2018.

Senhor Gerente,

Cumprimentando-o cordialmente, visando instruir inquérito policial em trâmite nesta Delegacia de Polícia, em conformidade com o disposto nos artigo 6º, inciso III, do Código de Processo Penal, artigo 2º, § 2º, da Lei nº 12.830/13, artigo 17-B, da Lei nº 9.613/98 e artigo 15 da Lei nº 12.850/13[4] requisito o fornecimento dos dados cadastrais constantes do EMEI 1111111111111111. [5]

Importante destacar que o cumprimento deste ofício não se trata de afastamento do sigilo dos dados telefônicos, mas sim de fornecimento de meros dados cadastrais, que independe de ordem judicial. Assim, a falta do cumprimento da presente requisição acarretará responsabilização penal por incidência no crime de desobediência, previsto no artigo 330, do Código Penal[6].

Por fim, considerando a urgência que as investigações requerem, requisito o cumprimento deste no prazo de 48 horas[7], devendo a resposta ser encaminhada à Delegacia de Polícia .[8]

Atenciosamente, [9]

Delegado de Polícia[10]

Considerações sobre a resolução do caso proposto

1 Só colocar os dados fornecidos pela questão, não inventar, neste caso só era possível informar a cidade, o mês e o ano.

2 Deixar em branco a operadora de telefonia, pois o EMEI pode ser de qualquer uma das existentes. No caso concreto o Delegado de Polícia encaminharia um ofício para cada uma delas.

3 Deixar em branco a operadora de telefonia.

4 Artigos que demonstram a competência do delegado de polícia para a condução das investigações criminais objetivando a apuração das infrações penais e sua consequente legitimidade para requisição de informações e de dados.

5 No presente caso só temos o número do EMEI para consultar, mas poderia ser feita a requisição dos dados cadastrais telefônicos por meio do número de uma linha telefônica, com o

nome de determinada pessoa ou com um número de CPF, a depender do caso concreto.

6 Se a investigação for de crime praticado por organização criminosa, quem omitir ou recusar a fornecer dados cadastrais, registros, documentos e informações ao delegado de polícia, responderá pelo crime previsto no artigo 21, da Lei nº 12.850/13.

7 Estipular um prazo razoável.

8 Não inventar dados, o problema não forneceu a Delegacia de Polícia responsável, portanto, deve deixar em branco. Seria possível a solicitação de resposta ao ofício por e-mail, caso o problema tivesse fornecido algum.

9 Termo utilizado por não existir hierarquia entre o oficiante e o oficiado.

10 Não assinar a peça. Utilizar o cargo no masculino, mesmo que seja uma candidata do sexo feminino, exceto se a questão mencionar que a investigação está sendo presidida por uma delegada de polícia, situação em que se deve utilizar o cargo no feminino, mesmo que seja um candidato do sexo masculino.

3. REPRESENTAÇÃO PELA INTERCEPTAÇÃO AMBIENTAL

3.1. Conceito e natureza jurídica

É uma medida cautelar de natureza probatória, prevista na lei de organizações criminosas (Lei nº 12.850/13), similar à interceptação telefônica, porém realizada através da captação de sinais eletromagnéticos, ópticos ou acústicos (sons e/ou imagens), realizada por uma terceira pessoa, sem que os investigados saibam que estão sendo monitorados ou vigiados.

Conforme visto, a captação, na interceptação ambiental, ocorre através sinais eletromagnéticos, que são aqueles gravados em fita ou banda magnética, sinais ópticos, configurado por imagens, e acústicos, relacionados a sons, de modo que a lei autoriza a gravação e a filmagem ambientais, bem como a produção de fotografias, seu registro e análise, para fins de colheita de elementos de prova de interesse das investigações.[2]

3.2. Fundamento constitucional

Existem divergências doutrinárias acerca da fundamentação constitucional da interceptação ambiental, no sentido desta estar ou não abarcada pelo artigo 5º, inciso XII, da Constituição da República, que versa sobre as interceptações telefônicas. Alguns sustentam, sobretudo a inconstitucionalidade da medida.

Não obstante as divergências trazidas pela doutrina, entendemos que a posição mais acertada, sobretudo para as bancas de concursos públicos, é a de que a interceptação ambiental encontra-se resguardada pelo artigo 5º, inciso X, da Constituição da República, que versa sobre a inviolabilidade da intimidade, já que o inciso XII só abrangeu o sigilo das comunicações telegráficas, de dados e telefônicas, deixando de lado as comunicações ambientais.

Assim, a interceptação ambiental está submetida a norma constitucional de proteção do direito à intimidade e à vida privada, trazida pelo artigo 5º, inciso X, da Carta Magna.

Vejamos:

> Art. 5º
>
> [...]
>
> X – são invioláveis a intimidade, a vida privada, a honra e a imagem das pessoas, assegurado o direito a indenização pelo dano material ou moral decorrente de sua violação.

Nesse sentido, da mesma forma que ocorre com a quebra de sigilo de dados telefônicos anteriormente estudada, deve ficar demonstrada na representação a inexistência de garantia

2. GONÇALVES. Victor Eduardo Rios; JÚNIOR. José Paulo Baltazar. Legislação Penal Especial. 3ª edição. São Paulo: Editora Saraiva, 2017, p. 890.

constitucional absoluta, devendo a intimidade e a vida privada serem relativizadas quando conflitarem com outras garantias constitucionais. Deste modo, o interesse público das investigações policiais não deve ser impedido pelo direito individual da intimidade dos investigados.

3.3. Legitimidade

A Lei das Organizações Criminosas, quando se refere à interceptação ambiental, não trouxe um rol prevendo os legitimados para pleitearem a presente medida cautelar, porém, devemos referenciar no preâmbulo da peça, os artigos gerais relacionados à legitimidade investigativa do delegado de polícia, quais sejam, o artigo 144, § 1º, incisos I e IV (Polícia Federal) ou § 4º (Polícia Civil), o artigo 2º, § 1º da Lei nº 12.830/13 e artigo 4º, do Código de Processo Penal.

3.4. Cabimento

O cabimento da medida encontra-se previsto no artigo 3º, inciso II, da Lei nº 12.850/13, o qual permite a decretação da presente medida quando a investigação envolver integrantes de organizações criminosas, nos termos do artigo 1º, § 1º, da referida Lei.

Vejamos o dispositivo legal:

> Art. 3º Em qualquer fase da persecução penal, serão permitidos, sem prejuízo de outros já previstos em lei, os seguintes meios de obtenção da prova:
>
> [...]
>
> II – captação ambiental de sinais eletromagnéticos, ópticos ou acústicos.

Nessa linha, a legislação traz a possibilidade de interceptação ambiental quando a investigação envolver organizações criminosas, porém, entendemos que devemos utilizar de forma analógica os parâmetros da Lei nº 9.296/96, pela qual será cabível a presente medida quando tratar-se de crime punido com reclusão.

> ***Atenção:*** já foi cobrada a medida cautelar de interceptação ambiental em concurso público para delegado de polícia, fundamentada com base na lei de organizações criminosas (Lei nº 12.850/13) e acreditamos que esta lógica será seguida caso venha a cair em provas futuras.

3.5. Requisitos cautelares

3.5.1. Fumus comissi delicti

Como ocorre em toda medida cautelar prevista em nosso ordenamento jurídico, devemos prezar sempre pela presença do *fumus comissi delicti* como indispensável a sua decretação, consubstanciado pelos indícios de autoria ou participação em infração penal, apesar da Lei das Organizações Criminosas não trazer essa exigência expressa quando trata sobre a interceptação ambiental.

3.5.2. Periculum in mora

Este requisito não é previsto na Lei das Organizações Criminosas, porém, também devemos prezar pela demonstração de que a mora da sua não decretação propiciará grande prejuízo para as investigações, no que se refere à colheita de provas.

Se faz necessário também, utilizar de maneira analógica os termos da Lei de Interceptação Telefônica, no que se refere à indispensabilidade da medida (artigo 2º, inciso II, da Lei nº

9.296/96), ou seja, deve ficar demonstrado na representação que não há outro meio disponível de se buscar a prova.

3.6. Modelo básico da peça

EXCELENTÍSSIMO SENHOR JUIZ DE DIREITO DA ___ VARA CRIMINAL DA COMARCA DE __________.

SIGILOSO

Inquérito Policial nº ____/____.

O delegado de polícia infrassignatário, representando a Polícia _________, no uso de suas atribuições constitucionais e legais, conferidas pelos artigos _________, vem a Vossa Excelência, representar pela interceptação ambiental de sinais eletromagnéticos, ópticos ou acústicos no local _________ (especificar o local), pelas razões fáticas e jurídicas a seguir expostas:

I – DOS FATOS

Qual foi o crime que ocorreu? Quando ocorreu? Local em que ocorreu? Quem são os envolvidos (vítima, suspeitos, testemunhas)? Qual a motivação? Outras informações relevantes.

II – DOS FUNDAMENTOS JURÍDICOS

a) prática delituosa – demonstrar o crime praticado, notadamente no que se refere a sua prática por organizações criminosas (artigo 1º, § 1º, da Lei nº 12.850/13).

b) cabimento – demonstrar que estamos diante de uma organização criminosa e que, de acordo com o artigo 3º, inciso II, da Lei nº 12.850/13, será admitida a presente medida cautelar.

c) requisitos cautelares – demonstrar a presença dos requisitos essenciais que são o "fumus comissi delicti", consubstanciado por meio dos indícios de autoria ou participação em organizações criminosas, e o "periculum in mora", verificado pela necessidade premente da medida, onde a sua mora poderá trazer graves prejuízos para as investigações.

III – DOS PEDIDOS

Diante do exposto, com base nos fundamentos jurídicos acima declinados, notadamente no artigo 3º, inciso II, da Lei nº 12.850/13, represento pela interceptação ambiental de sinais eletromagnéticos, ópticos ou acústicos no__________ (especificar o local), pelo prazo necessário de____ dias, por ser medida adequada ao caso.

Nestes termos, pede e espera deferimento.

Cidade,___ de _________ de ______.

Delegado de Polícia

3.7. Caso proposto – concurso para delegado de polícia do Mato Grosso do Sul de 2017

Após autorização pelo Juízo da 1ª Vara Criminal de determinada capital brasileira para realização de interceptação de comunicações telefônicas, visando à investigação do crime de lavagem de dinheiro, colheu-se a informação da prática do crime de tráfico ilícito de drogas por membros da facção conhecida como "CZN" (Comando Zona Norte), integrada pelos condenados Wesley Ferreira, Daniel Inocêncio, Lindomar Praxedes e Ribamar das Neves, que cumprem penas pela prática de crime de roubo (artigo 157 do Código Penal), há pelo menos 15 meses na mesma cela em Penitenciária Estadual de Segurança Máxima. Baseado nessas informações foi instaurado novo Inquérito Policial, para apurar eventual prática de tráfico de drogas e/ou de outros ilícitos[1]. Dos esforços investigativos inclusive advindos de nova interceptação de comunicações telefônicas[2] autorizada pelo juízo da 2ª Vara Criminal dessa mesma capital[3], foi possível compreender que todo o gerenciamento e a divisão de tarefas são definidos verbalmente entre os suspeitos, no interior do estabelecimento prisional[4], bem como se constatou que os referidos reclusos vêm cooptando outros membros, inclusive não aprisionados, visando a integrar a facção e ampliar seu poder de atuação. Não obstante, não foi possível estabelecer indícios suficientes de autoria e prova cabal da materialidade delitiva, razão pela qual não se concluiu o Inquérito Policial. [5]

Em face do caso narrado, na qualidade de delegado de polícia responsável pela investigação, elabore, fundamentadamente, a medida pertinente ao caso, visando à constituição de justa causa para o oferecimento de eventual ação penal. [6]

Considerações sobre o caso proposto

1 Neste momento já é possível responder a primeira pergunta essencial para a correta identificação da peça prático-profissional, ou seja, que o crime investigado se trata de tráfico ilícito de drogas (artigo 33, da Lei nº 11.343/06). Neste caso a banca não forneceu a tipificação legal. Também restou evidente indícios de autoria do cometimento do delito de tráfico ilícito de drogas pelos membros da mencionada organização criminosa.

2 É possível excluir a medida cautelar de interceptação de comunicações telefônicas, já que tal medida já foi deferida e exaurida.

3 Aqui foi fornecido o Juízo competente para analisar a representação que será formulada.

4 É possível excluir a representação pela renovação de interceptação de comunicações telefônicas, já que restou claro que os reclusos pertencentes à organização criminosa investigada se comunicam apenas verbalmente no interior do estabelecimento prisional.

5 Neste momento é possível responder a segunda pergunta essencial para a correta identificação da peça prático-profissional, ou seja, a fase em que a investigação se encontra, pois a banca afirmou que o inquérito policial não foi concluído por não ter sido possível estabelecer indícios suficientes de autoria

e prova cabal da materialidade delitiva, portanto, estamos em fase inicial ou intermediária.

6 Neste momento é possível responder a terceira pergunta essencial para a correta identificação da peça prático-profissional, ou seja, o que o delegado de polícia busca para o êxito das investigações, que no caso em tela, é a consecução de novas provas, no intuito de identificar e evidenciar a conduta dos envolvidos, demonstrando claramente os indícios suficientes de autoria e de comprovar a materialidade do crime.

3.8. Resolução do caso proposto – Representação por medida cautelar captação ambiental de sinais eletromagnéticos, ópticos ou acústicos [1]

EXCELENTÍSSIMO SENHOR JUIZ DE DIREITO DA 2ª VARA CRIMINAL[2] DA COMARCA DE DETERMINADA CAPITAL BRASILEIRA[3].

SIGILOSO

Inquérito policial nº .[4]

O delegado de polícia infrassignatário, representando a Polícia Civil de determinado Estado, no uso de suas atribuições constitucionais e legais, conferidas pelos artigo 144, § 4º, da Constituição da República, artigo 2º, § 1º, da Lei nº 12.830/13 e artigo 4º, "caput", do Código de Processo Penal[5], vem a Vossa Excelência, representar pela captação ambiental de sinais eletromagnéticos, ópticos ou acústicos, com fundamento no inciso II, do artigo 3º, da Lei nº 12.850/13[6], pelas razões fáticas e jurídicas a seguir expostas:

I – DOS FATOS

O Inquérito policial referido acima foi instaurado para apurar os crimes de tráfico de drogas, tipificado ao teor do artigo 33, da Lei nº 11.343/06, e outros ilícitos, praticado por membros da facção conhecida como "CZN" (Comando Zona Norte), integrada pelos condenados Wesley Ferreira, Daniel Inocêncio, Lindomar Praxedes e Ribamar das Neves, que cumprem penas pela prática de crime de roubo, há pelo menos 15 meses, na mesma cela em Penitenciária Estadual de Segurança Máxima.

As informações que deram origem à instauração do presente inquérito policial são decorrentes de outro inquérito policial, no qual o juízo da 1ª Vara Criminal da mesma capital brasileira decretou a interceptação de comunicações telefônicas, visando à investigação do crime de lavagem de dinheiro.

Dos esforços investigativos advindos de interceptação de comunicações telefônicas realizada nos presentes autos, autorizada por este juízo da 2ª Vara Criminal, foi possível compreender que todo o gerenciamento e a divisão de tarefas da mencionada facção são definidos verbalmente entre os suspeitos, no interior do estabelecimento prisional.

Constatou-se ainda, que os referidos reclusos vêm cooptando outros membros, inclusive não aprisionados, visando integrar a facção e ampliar seu poder de atuação. [7]

II – DOS FUNDAMENTOS JURÍDICOS

Considerando os fatos acima narrados, resta claro o cabimento da medida cautelar representada, pois o crime investigado trata-se de tráfico de drogas, tipificado ao teor do artigo 33, da Lei nº 11.343/06[8], infração penal punida com pena de reclusão, de cominação máxima acima de quatro anos, praticado por demonstrada organização criminosa, atendendo assim as exigências do artigo 1º, § 1º, da Lei nº 12.850/13.

A isso, somam-se os requisitos do "fumus comissi delicti"[9], afinal, existem indícios de autoria dos integrantes da organização criminosa acima mencionada no crime de tráfico de drogas; e do "periculum in mora", que está no risco efetivo de frustração da aquisição de prova da autoria ou participação no crime investigado se a medida não for deferida de imediato, causando grande prejuízo às investigações.

Assim, visando solucionar o crime e instruir o inquérito policial, faz-se imprescindível a decretação da captação ambiental de sinais eletromagnéticos, ópticos ou acústicos, pois é o único meio disponível e eficaz para obtenção de provas cabais da materialidade delitiva e identificação da autoria e individualização das condutas, vez que os investigados Wesley Ferreira, Daniel Inocêncio, Lindomar Praxedes e Ribamar das Neves são internos da mesma cela prisional, local em que definem as tarefas da organização criminosa verbalmente, bem como realizam a cooptação de outros aprisionados e não aprisionados.[10]

Importante ainda, deixar clara a inexistência de garantia constitucional absoluta, portanto, embora constitucionalmente protegidas a intimidade e a privacidade das pessoas, conforme artigo 5º, inciso X, da Constituição da República, este direito dos aprisionados, no presente caso, deve ser relativizado por estar em rota de colisão com outras garantias constitucionais e por sua menor relevância diante do interesse público da investigação criminal.[11]

III – DO PEDIDO

Diante do exposto, presentes os requisitos legais autorizadores da medida, com fundamento no artigo 3º, inciso II, da Lei nº 12.850/13, represento pela decretação da captação ambiental de sinais eletromagnéticos, ópticos ou acústicos na Penitenciária Estadual de Segurança Máxima, na ala , cela , local em que se encontram os investigados[12]; pelo prazo necessário de dias[13], possibilitando a gravação e a transcrição das comunicações pertinentes à investigação, após ouvido o Ministério Público.[14]

Por fim, requer a autuação do pedido em apartado e que seja decretado o sigilo da investigação, para assegurar a eficácia da apuração, bem como para proteger o direito à intimidade das pessoas referidas durante as investigações, inclusive dos investigados.

Nestes termos, pede e espera deferimento.

Determinada capital brasileira, de de .[15]

Delegado de Polícia[16]

Considerações sobre a resolução do caso proposto

1 A medida cautelar de interceptação das comunicações telefônicas já foi utilizada, mas demonstrou ser insuficiente para a conclusão das investigações, pois os membros da organização criminosa se comunicam verbalmente no interior do estabelecimento prisional e não via telefone, assim configurou-se a possibilidade e necessidade da medida cautelar probatória de captação ambiental de sinais eletromagnéticos, ópticos ou acústicos.

A banca inicialmente considerou como resposta correta apenas a peça de medida cautelar de infiltração de agente de polícia em atividade de investigação (peça que veremos adiante), mas depois admitiu também como resposta válida a representação ora trabalhada, pois se analisarmos profundamente a questão, a medida de infiltração de agente não seria o único meio de consecução da prova, nem a medida menos gravosa.

2 Por tratar-se do crime de tráfico ilícito de drogas e por já existir um processo em andamento na mencionada vara sobre a investigação ora trabalhada.

3 Colocar exatamente como fornecido na questão.

4 A questão não forneceu o número do inquérito policial, portanto, o campo deve ficar em branco. Não inventar dados.

5 Artigos que demonstram a competência do delegado de polícia para a condução das investigações criminais objetivando a apuração das infrações penais e sua consequente legitimidade para representar em Juízo.

6 Algumas bancas cobram a fundamentação da peça logo no preâmbulo, como ocorreu no presente caso.

7 Colocar os elementos fáticos essenciais para representação da medida cautelar, narrando sucinta e fielmente os dados fornecidos pela questão, ou seja, sem inventar qualquer informação, para não caracterizar identificação de prova. Lembrar das questões básicas a serem respondidas na narrativa do texto (Qual foi o crime que ocorreu? Quando ocorreu? Local em que ocorreu? Quem são os envolvidos (vítima, suspeitos, testemunhas)? Qual a motivação?), desde que tais informações tenham sido fornecidas.

[8] Não utilizar abreviações, exceto se a questão já o fez, que não é o caso. Especificamente na prova ora trabalhada a banca não exigiu do candidato a tipificação legal, mas o comum é ser exigido.

[9] No computador as expressões em latim estariam em itálico (ou outra forma oficial de destaque), mas na prova, deve ser colocado entre aspas. Não grifar ou ressaltar de nenhum outro modo para não configurar identificação de prova.

[10] Informações extremamente relevantes na presente representação e que foram consideradas como itens de pontuação no espelho da prova.

[11] Tal argumentação também foi considerada como item de pontuação no espelho da prova.

[12] É essencial informar o local exato em que a captação será realizada, sendo item de pontuação no espelho da prova.

[13] Deve ser informado o prazo necessário da medida, sendo item de pontuação no espelho da prova.

[14] No espelho da prova consta como item essencial do pedido a oitiva do Ministério Público, embora sem previsão legal para tal exigência, podendo ser questionada em caso de perda de pontuação pelo candidato. Para evitar qualquer problema na correção da prova é recomendável que coloque, mesmo sem exigência legal.

[15] Só colocar os dados fornecidos pela questão, não inventar, neste caso só era possível dizer que o caso ocorreu em determinada capital brasileira.

[16] Não assinar a peça. Utilizar o cargo no masculino, mesmo que seja uma candidata do sexo feminino, exceto se a questão mencionar que a investigação está sendo presidida por uma delegada de polícia, situação em que se deve utilizar o cargo no feminino, mesmo que seja um candidato do sexo masculino.

4. REPRESENTAÇÃO PELA QUEBRA DE SIGILO BANCÁRIO

4.1. Conceito e natureza jurídica

Trata-se de uma medida cautelar probatória que permite ao delegado de polícia, no curso das investigações, mediante previa autorização judicial, o acesso ao conteúdo das transações bancárias realizadas pelo investigado (transferências, saques, depósitos, etc.), que se encontra protegido pela garantia constitucional da intimidade e da vida privada, por tratar-se de dados particulares, porém passível de mitigação.

4.2. Fundamento constitucional

O fundamento constitucional da quebra de sigilo bancário, do mesmo modo que ocorre na quebra de sigilo de dados telefônicos, encontra-se previsto no artigo 5º, inciso X, da Constituição da República, que trata sobre a garantia constitucional da inviolabilidade da intimidade e da vida privada, conforme vimos detalhadamente nos tópicos 2 e 3.

Desse modo, o dispositivo constitucional que trata do direito à inviolabilidade da intimidade e da vida privada deve ser mitigado quando se chocar com o interesse público das investigações policiais, que deve prevalecer em detrimento ao direito individual dos investigados.

4.3. Legitimidade

A Lei Complementar nº 105/01 não trouxe um rol prevendo os legitimados para pleitearem a presente medida cautelar, porém, devemos referenciar no preâmbulo da peça, os artigos gerais relacionados à legitimidade investigativa do delegado de polícia, quais sejam, o artigo 144, § 1º, incisos I e IV (Polícia Federal) ou § 4º (Polícia Civil), artigo 2º, § 1º da Lei nº 12.830/13 e artigo 4º, do Código de Processo Penal.

4.4. Cabimento

O cabimento da presente medida encontra-se previsto nos termos do artigo 1º, § 4º, da Lei Complementar nº 105/01, que versa sobre sigilo das transações de instituições financeiras.

Vejamos:

> Art. 1º As instituições financeiras conservarão sigilo em suas operações ativas e passivas e serviços prestados.
>
> [...]
>
> § 4º A quebra de sigilo poderá ser decretada, quando necessária para apuração de ocorrência de qualquer ilícito, em qualquer fase do inquérito ou do processo judicial, e especialmente nos seguintes crimes:
>
> I – de terrorismo;
>
> II – de tráfico ilícito de substâncias entorpecentes ou drogas afins;
>
> III – de contrabando ou tráfico de armas, munições ou material destinado a sua produção;
>
> IV – de extorsão mediante sequestro (sic);
>
> V – contra o sistema financeiro nacional;
>
> VI – contra a Administração Pública;
>
> VII – contra a ordem tributária e a previdência social;
>
> VIII – lavagem de dinheiro ou ocultação de bens, direitos e valores;
>
> IX – praticado por organização criminosa.

Conforme prevê o dispositivo supracitado, a quebra de sigilo bancário é possível em qualquer crime, sendo especialmente autorizado naqueles previstos nos incisos mencionados, não restando afastada a sua decretação para outros crimes.

O mesmo artigo traz um rol dispondo sobre o que vem a ser instituições financeiras para os fins penais, nos seguintes termos:

> Art.1º [...]
>
> § 1º São consideradas instituições financeiras, para os efeitos desta Lei Complementar:
>
> I – os bancos de qualquer espécie;
>
> II – distribuidoras de valores mobiliários;
>
> III – corretoras de câmbio e de valores mobiliários;
>
> IV – sociedades de crédito, financiamento e investimentos;
>
> V – sociedades de crédito imobiliário;

> VI – administradoras de cartões de crédito;
>
> VII – sociedades de arrendamento mercantil;
>
> VIII – administradoras de mercado de balcão organizado;
>
> IX – cooperativas de crédito;
>
> X – associações de poupança e empréstimo;
>
> XI – bolsas de valores e de mercadorias e futuros;
>
> XII – entidades de liquidação e compensação;
>
> XIII – outras sociedades que, em razão da natureza de suas operações, assim venham a ser consideradas pelo Conselho Monetário Nacional.

É importante destacar que, se estivermos diante de uma organização criminosa, devemos citar o artigo 3º, inciso VI, da Lei das Organizações Criminosas. Vejamos:

> Art. 3º Em qualquer fase da persecução penal, serão permitidos, sem prejuízo de outros já previstos em lei, os seguintes meios de obtenção da prova:
>
> [...]
>
> VI – afastamento dos sigilos financeiro, bancário e fiscal, nos termos da legislação específica;

Assim, a representação pela quebra de sigilo bancário é cabível em investigações envolvendo qualquer ilícito penal, desde que seja imprescindível às investigações.

4.5. Requisitos cautelares

4.5.1. Fumus comissi delicti

Conforme já citado nas outras medidas cautelares, nesta, também deverão ficar demonstrados os indícios de autoria ou participação em qualquer infração penal que necessite da decretação da quebra de sigilo bancário para o interesse público das investigações, apesar de tal requisito não se encontrar expressamente previsto nas leis anteriormente citadas.

4.5.2. *Periculum in mora*

Conforme previsto no artigo 1º, § 4º, da Lei Complementar nº 105/01, este requisito deve ser demonstrado pela necessidade (imprescindibilidade) da medida cautelar para as investigações, além da demonstração de que a mora de sua não decretação irá trazer prejuízos para o inquérito policial, notadamente no que se refere a colheita de provas relacionadas às transações bancárias dos investigados.

4.6. Modelo básico da peça

EXCELENTÍSSIMO SENHOR JUIZ DE DIREITO DA ___ VARA CRIMINAL DA COMARCA DE __________.

SIGILOSO

Inquérito Policial nº ____/____.

O delegado de polícia infrassignatário, representando a Polícia _________, no uso de suas atribuições constitucionais e legais, conferidas pelos artigos _________, vem a Vossa Excelência, representar pela quebra de sigilo bancário da conta __________ (especificar o número da conta, banco e agência) pertencente a _________ (especificar a qualificação do investigado), pelas razões fáticas e jurídicas a seguir expostas:

I – DOS FATOS

Qual foi o crime que ocorreu? Quando ocorreu? Local em que ocorreu? Quem são os envolvidos (vítima, suspeitos, testemunhas)? Qual a motivação? Outras informações relevantes.

II – DOS FUNDAMENTOS JURÍDICOS

a) prática delituosa – demonstrar o crime praticado, em especial os que estão expressos na Lei Complementar nº 105/01, ou no artigo 1º, § 1º, da Lei nº 12.850/13, caso seja uma organização criminosa.

b) cabimento – demonstrar que a Lei Complementar nº 105/01 permite tal medida em qualquer delito, porém, é importante referenciar a prioridade dos delitos inseridos no rol do artigo 1º, § 4º, da referida Lei Complementar e/ou o artigo 3º, inciso VI, da Lei nº 12.850/13, caso seja uma organização criminosa.

c) requisitos cautelares – demonstrar a presença dos requisitos essenciais que são o "fumus comissi delicti", consubstanciado por meio dos indícios de autoria ou participação em infrações penais, qualquer que seja ela, e o "periculum in mora", verificado pela necessidade premente da medida, onde a sua mora poderá trazer graves prejuízos às investigações.

III – DOS PEDIDOS

Diante do exposto, com base nos fundamentos jurídicos acima declinados, represento pela quebra de sigilo bancário da(s) conta(s) bancária(s) de __________ (especificar todos os dados cadastrais e bancários), com o fim de que seja determinado ao banco __________ o encaminhamento dos extratos __________ (especificar exatamente o que se quer, o meio de envio e o período) por ser medida adequada ao caso.

Nestes termos, pede e espera deferimento.

Cidade, ___ de _________ de ______.

Delegado de Polícia

5. REPRESENTAÇÃO PELA QUEBRA DE SIGILO FISCAL

5.1. Conceito e natureza jurídica

Trata-se de uma medida cautelar probatória que permite ao delegado de polícia, no curso das investigações, mediante previa autorização judicial, o acesso às informações fiscais prestadas pelos contribuintes investigados, que se encontram protegidas pela garantia constitucional da intimidade e da vida privada, por tratar-se de dados particulares, porém passível de mitigação.

5.2. Fundamento constitucional

Do mesmo modo que ocorre na quebra de sigilo de dados telefônicos e bancário, o sigilo fiscal também é protegido pelo artigo 5º, inciso X, da Constituição da República, no que se refere à inviolabilidade da intimidade e da vida privada.

Nessa esteira, o citado dispositivo constitucional que trata sobre o direito à inviolabilidade da intimidade e da vida privada deve ser mitigado em virtude do interesse público das investigações, que deve se sobrepor sobre o direito individual já mencionado.

5.3. Legitimidade

O Código Tributário Nacional não trouxe um rol prevendo os legitimados para pleitearem a presente medida cautelar, porém, devemos referenciar no preâmbulo da peça os artigos gerais relacionados à legitimidade investigativa do delegado de polícia, quais sejam, o artigo 144, § 1º, inciso IV (Polícia Federal) ou § 4º (Polícia Civil), artigo 2º, § 1º da Lei nº 12.830/13 e artigo 4º, do Código de Processo Penal.

5.4. Cabimento

O cabimento da presente medida cautelar encontra-se previsto no Código Tributário Nacional (CTN), notadamente no artigo 198, § 1º, inciso I, alterado pela Lei Complementar nº 104/01, trazendo as exceções ao sigilo fiscal, nos seguintes termos:

> Art. 198. Sem prejuízo do disposto na legislação criminal, é vedada a divulgação, por parte da Fazenda Pública ou de seus servidores, de informação obtida em razão do ofício sobre a situação econômica ou financeira do sujeito passivo ou de terceiros e sobre a natureza e o estado de seus negócios ou atividades.
>
> § 1º Excetuam-se do disposto neste artigo, além dos casos previstos no artigo 199, os seguintes:
>
> I – requisição de autoridade judiciária no interesse da justiça.

Nesse sentido, o CTN não trouxe qualquer especificação da espécie de crime passível de decretação da medida cautelar de quebra de sigilo fiscal, sendo possível, portanto, a sua decretação em qualquer modalidade delitiva.

Vale salientar que, se estivermos diante de uma investigação envolvendo uma organização criminosa, devemos citar na representação o artigo 3º, inciso VI, da Lei nº 12.850/13, nos seguintes termos:

> Art. 3º Em qualquer fase da persecução penal, serão permitidos, sem prejuízo de outros já previstos em lei, os seguintes meios de obtenção da prova:
>
> [...]
>
> VI – afastamento dos sigilos financeiro, bancário e fiscal, nos termos da legislação específica;

5.5. Requisitos cautelares

5.5.1. Fumus comissi delicti

Conforme já citado nas outras medidas cautelares, nesta, também deverão ficar demonstrados os indícios de autoria ou participação em infração penal que necessite da decretação da quebra do sigilo fiscal do investigado, apesar de tal requisito não se encontrar expressamente previsto nas leis anteriormente citadas.

5.5.2. Periculum in mora

O Código Tributário Nacional também não tratou acerca desse requisito para haver a quebra do sigilo fiscal, porém, conforme já dito nesta obra, esta formalidade é indispensável, devendo ser demonstrada a necessidade da medida cautelar para as investigações e que a mora de sua não decretação irá trazer prejuízos para conclusão do inquérito policial.

5.6. Modelo básico da peça

EXCELENTÍSSIMO SENHOR JUIZ DE DIREITO DA ___ VARA CRIMINAL DA COMARCA DE __________.

SIGILOSO

Inquérito Policial nº ____/____.

O delegado de polícia infrassignatário, representando a Polícia _________, no uso de suas atribuições constitucionais e legais, conferidas pelos artigos _________, vem a Vossa Excelência, representar pela quebra de sigilo fiscal de _________ (nome do representado), pelas razões fáticas e jurídicas a seguir expostas:

I – DOS FATOS

Qual foi o crime que ocorreu? Quando ocorreu? Local em que ocorreu? Quem são os envolvidos (vítima, suspeitos, testemunhas)? Qual a motivação? Outras informações relevantes.

II – DOS FUNDAMENTOS JURÍDICOS

a) prática delituosa – demonstrar o crime praticado pelo agente, qualquer que seja ele.

b) cabimento – demonstrar que o CTN, não traz qualquer restrição ao tipo de crime, porém, caso seja um crime praticado por organizações criminosas, deve ser citado o artigo. 3º, inciso VI, da Lei nº 12.850/13.

c) requisitos cautelares – demonstrar a presença dos requisitos essenciais que são o "fumus comissi delicti", consubstanciado por meio dos indícios de autoria ou participação em infrações penais, qualquer que seja ela, e o "periculum in mora", verificado pela necessidade premente da medida, onde a sua mora poderá trazer graves prejuízos para as investigações.

III – DOS PEDIDOS

Diante do exposto, com base nos fundamentos jurídicos acima declinados, represento pela quebra de sigilo fiscal de ________ (especificar os dados cadastrais e fiscais do investigado), com o fim de que seja determinado à Receita Federal do Brasil o encaminhamento das declarações de imposto de renda referentes à ________ (especificar exatamente o que se quer, o meio de envio e o período) por ser medida adequada ao caso.

Nestes termos, pede e espera deferimento.

Cidade, ___ de ________ de _____.

Delegado de Polícia

5.7. Caso proposto

O delegado de polícia da Delegacia da Polícia Federal[1] de Ponta Porã está investigando os crimes de tráfico internacional e comércio ilegal de arma de fogo de uso restrito praticados pelos integrantes da organização criminosa conhecida como "OTC – Organização Tiro Certo" [2].

Durante as investigações foi representado ao Juiz Federal da 1ª Vara Federal, da 5ª Subseção Judiciária de Ponta Porã[3] pela decretação da interceptação telefônica do número do terminal telefônico utilizado por um dos integrantes da organização, conhecido como "João Bala".[4]

Na realização da mencionada interceptação, foi possível identificar que o grupo tinha também como integrantes "Afonso", "Zizo" e "Joana", porém, não foi possível a identificação de todos os envolvidos. Restou evidenciado ainda, que o grupo fazia grandes movimentações financeiras decorrente da comercialização das armas e que uma das contas utilizadas era a de número 15555, da agência 222, do banco X.[5]

Ainda, ficou explícito que o patrimônio ostentado pelos investigados era incompatível com suas funções profissionais[6], pois "João Bala" era funcionário contratado da empresa Y, na função de ajudante geral de entrega, onde percebia o salário de R$ 2.000,00 (dois mil reais); "Afonso" era funcionário contratado da empresa Z, na função de ajudante de limpeza, percebendo o salário de R$ 1.500,00 (um mil e quinhentos reais); "Zizo" era funcionário contratado da empresa M, na função de garçom, onde percebia o salário de R$ 3.000,00 (três mil reais); e "Joana" era funcionária de um salão de beleza, onde trabalhava como manicure e recebia um salário mínimo; mas todos residiam em casas de alto luxo de um bairro nobre da cidade e possuíam respectivamente os seguintes veículos, uma Land Rover Evoque, uma BMW X1, uma Hilux SW4 e um mini cooper.

"João Bala", "Afonso", "Zizo" e "Joana" foram indiciados por organização criminosa (artigo 2º, da Lei nº 12.850/13), bem como por tráfico internacional de arma de fogo e comércio ilegal de arma de fogo de uso restrito (artigos 17, 18 e 19 da Lei nº 10.826/03)[7], mas o inquérito policial ainda encontra-se em andamento[8] visando identificar os demais integrantes da organização criminosa e constituir provas das transações realizadas.[9]

Em face do caso narrado, na qualidade de delegado de polícia responsável pela investigação, elabore, fundamentadamente, a medida cautelar pertinente ao caso.

Considerações sobre o caso proposto

1 Atentar-se para a demonstração da legitimidade do delegado de polícia federal para propor medidas cautelares.

2 Caracterização do cometimento do crime por uma organização criminosa.

3 Foi fornecido o Juízo competente para analisar a representação que será formulada.

4 É possível excluir a medida cautelar de interceptação de comunicações telefônicas, já que tal medida já foi deferida, bem como a representação pela renovação de interceptação de comunicações telefônicas, pois não foi fornecido qualquer número de terminal telefônico.

5 Demonstração da possibilidade de utilização de medida cautelar probatória com intuito de comprovar tais movimentações e consequentemente identificar outros envolvidos.

6 Demonstração da possibilidade de utilização de medida cautelar probatória com intuito de comprovar a mencionada incompatibilidade.

7 Neste momento já é possível responder a primeira pergunta essencial para a correta identificação da peça prático-profissional, ou seja, que os crimes investigados tratam-se de formação e constituição de organização criminosa (artigo 2º, da Lei nº 12.850/13), tráfico internacional de arma de fogo e comércio ilegal de arma de fogo de uso restrito (artigos 17, 18 e 19 da Lei nº 10.826/03), tipificação legal fornecida pela banca.

8 Neste momento é possível responder a segunda pergunta essencial para a correta identificação da peça prático-profissional, ou seja, a fase em que a investigação se encontra, pois a banca afirmou que o inquérito policial está em andamento. Informação relevante para que o candidato exclua a possibilidade da elaboração de um relatório conclusivo cumulado com medida cautelar.

[9] Neste momento é possível responder a terceira pergunta essencial para a correta identificação da peça prático-profissional, ou seja, o que o delegado de polícia busca para o êxito das investigações, que no caso em tela, é a consecução de novas provas, em especial das transações bancárias realizadas entre os integrantes da organização criminosa, bem como a identificação de outros envolvidos na mencionada organização.

5.8. Resolução do caso proposto – Representação por medida cautelar de quebra de sigilo bancário da conta fornecida e representação por medida cautelar de quebra de sigilo financeiro, bancário e fiscal dos indiciados [1]

EXCELENTÍSSIMO SENHOR JUIZ FEDERAL DA 1ª VARA FEDERAL DA 5ª SUBSEÇÃO JUDICIÁRIA DE PONTA PORÃ – MATO GROSSO DO SUL.[2]

SIGILOSO

Inquérito policial nº . [3]

O delegado de polícia federal infrassignatário, representando a Polícia Federal, no uso de suas atribuições constitucionais e legais, conferidas pelos artigo 144, § 1º, incisos I e IV, da Constituição da República, artigo 2º-A, parágrafo único, da Lei nº 9.266/96 e artigo 4º, "caput", do Código de Processo Penal[4], vem a Vossa Excelência, representar pela quebra de sigilo bancário da conta de número 15555, da agência 222, do banco X e pela quebra de sigilo financeiro, bancário e fiscal dos indiciados[5] "João Bala", "Afonso", "Zizo" e "Joana", pelas razões fáticas e jurídicas a seguir expostas:

I – DOS FATOS

O Inquérito policial referido acima foi instaurado para apurar os crimes de tráfico internacional e comércio ilegal de arma de fogo de uso restrito praticados pelos integrantes da organização criminosa conhecida como "OTC – Organização Tiro Certo", na cidade de Ponta Porã – MS.

Durante as investigações foi decretada a interceptação telefônica do número do terminal utilizado por um dos integrantes da organização conhecido como "João Bala" e em decorrência desta medida foi possível identificar outros integrantes da organização criminosa, sendo as pessoas de "Afonso", "Zizo" e "Joana", porém não foi possível a identificação de todos os envolvidos.

Restou evidenciado ainda, que o grupo fazia grandes movimentações financeiras decorrente da comercialização das armas e que uma das contas utilizadas era a de número 15555, da agência 222, do banco X.

Ainda, ficou explícito que o patrimônio ostentado pelos investigados era incompatível com suas funções profissionais e seus rendimentos. "João Bala", "Afonso", "Zizo" e "Joana" foram indiciados por organização criminosa (artigo 2º, da Lei nº 12.850/13)[6], bem como por tráfico internacional de arma de fogo e comércio ilegal de arma de fogo de uso restrito (artigos 17, 18 e 19 da Lei nº 10.826/03), mas o inquérito policial ainda encontra-se em andamento visando identificar os demais integrantes da organização criminosa e constituir provas das transações realizadas.[7]

II – DOS FUNDAMENTOS JURÍDICOS

Considerando os fatos acima narrados, resta claro o cabimento das medidas cautelares representadas, pois os crimes investigados tratam-se de formação e constituição de organização criminosa, tráfico internacional e comércio ilegal de arma de fogo de uso restrito, tipificados ao teor dos artigo 2º, da Lei nº 12.850/13 e artigos 17, 18 e 19 da Lei nº 10.826/03, além da possibilidade do cometimento de crime contra a ordem tributária (artigo 2º, inciso I, da Lei nº 8.137/90) pelos indiciados, que ostentam patrimônio incompatível com suas remunerações profissionais, atendendo assim as exigências do artigo 3º, inciso VI, da Lei nº 12.850/13 e demonstrando a especialidade prevista no artigo 1º, § 4º, incisos III, VII e IX, da Lei Complementar nº 105/01.

A isso, somam-se os requisitos do "fumus comissi delicti"[8], afinal, existem indícios de autoria dos integrantes da organização criminosa acima mencionada nos crimes ora investigados; e do "periculum in mora", que está no risco efetivo de frustração da aquisição de provas que deixem clara a autoria ou participação, bem como a materialidade dos crimes investigados, caso a medida não seja deferida de imediato, causando grande prejuízo às investigações, especialmente no que tange à colheita de provas relacionadas às transações bancárias e às informações fiscais dos investigados.

Conforme demonstrado, o acesso aos dados financeiros, bancários e fiscais dos investigados se torna uma medida imprescindível à necessidade de se reunir todos os elementos de prova possíveis, objetivando a conclusão eficiente do procedimento de polícia judiciária, pois tais dados podem revelar valores recebidos, bens móveis e imóveis, movimentações financeiras de depósitos, saques, transferências, pagamentos, entre outros dados de interesse da presente investigação, para evidenciar que o patrimônio dos investigados não é compatível com seus ganhos declarados, com as suas atividades profissionais, além de possibilitar a demonstração da ligação existente entre os investigados, bem como a identificação de outros integrantes da organização criminosa.

Importante ainda, deixar clara a inexistência de garantia constitucional absoluta, portanto, embora constitucionalmente protegidas a intimidade e a privacidade das pessoas, conforme artigo 5º, inciso X, da Constituição da República, este direito dos indiciados deve ser relativizado por estar em rota de colisão com outras garantias constitucionais e por sua menor relevância diante do interesse público da investigação criminal.

III – DOS PEDIDOS

Diante do exposto, presentes os requisitos legais autorizadores da medida, com fundamento no artigo 3º, inciso

VI, da Lei nº 12.850/13[9], no artigo 1º, § 4º, incisos III, VII e IX, da Lei Complementar nº 105/01[10] e no artigo 198, § 1º, inciso I, do Código Tributário Nacional[11], represento pela decretação da quebra de sigilo bancário da conta de número 15555, da agência 222, do banco X e da quebra dos sigilos financeiro, bancário e fiscal dos indiciados.

Deferido o afastamento do sigilo fiscal, que seja expedido ofício à correspondente Superintendência Regional da Receita Federal, para que esta remeta, em meio digital, no prazo de trinta dias, ao delegado de polícia Federal abaixo assinado, as cópias das declarações de imposto de renda ou declarações de isenção, dos últimos cinco anos, dos indiciados "João Bala", "Afonso", "Zizo" e "Joana".[12]

Deferido o afastamento dos sigilos financeiro e bancário, que seja expedido ofício ao Banco Central do Brasil para que remeta, em meio digital, no prazo de trinta dias, diretamente ao delegado de polícia abaixo assinado, os seguintes dados[13]:

a) dados cadastrais do usuário da conta[14] de número 15555, da agência 222, do banco X, bem como o extrato reverso completo da conta mencionada, contendo todas as movimentações realizadas desde sua abertura e informações cadastrais das pessoas físicas e jurídicas que mantiveram transações com a mesma;

b) dados referentes aos cadastros financeiros e de todas as contas correntes, contas poupanças, contas de investimentos e outros bens, direitos e valores mantidos em instituições financeiras pelos indiciados "João Bala", "Afonso", "Zizo" e "Joana", nos últimos cinco anos, bem como seus respectivos extratos reversos completos, contendo todas as movimentações realizadas desde a abertura das contas identificadas e informações cadastrais das pessoas físicas e jurídicas que mantiveram transações com as mesmas.

Por fim, requer a autuação do pedido em apartado e que seja decretado o sigilo da investigação, para assegurar a eficácia da apuração, bem como para proteger o direito à intimidade das pessoas referidas durante as investigações, inclusive dos investigados.

Nestes termos, pede e espera deferimento.

Ponta Porã, de de .[15]

Delegado de polícia federal[16]

Considerações sobre a resolução do caso proposto

1 Analisando a questão apresentada, restou configurada a possibilidade e necessidade da medida cautelar probatória de quebra de sigilo bancário da conta fornecida e representação por medida cautelar de quebra de sigilo financeiro, bancário e fiscal dos indiciados.

2 Foi fornecido o Juízo competente para analisar a presente representação.

3 A questão não forneceu o número do inquérito policial, portanto, o campo deve ficar em branco. Não inventar dados.

4 Artigos que demonstram a competência do delegado de polícia federal para a condução das investigações criminais objetivando a apuração das infrações penais e sua consequente legitimidade para representar em Juízo.

5 Como a questão não disse que João Gabriel foi indiciado, deve ser referido na peça como investigado.

6 Não utilizar abreviações, exceto se a questão já o fez, que não é o caso.

7 Colocar os elementos fáticos essenciais para representação da medida cautelar, narrando sucinta e fielmente os dados fornecidos pela questão, ou seja, sem inventar qualquer informação, para não caracterizar identificação de prova. Lembrar das questões básicas a serem respondidas na narrativa do texto (Qual foi o crime que ocorreu? Quando ocorreu? Local em que ocorreu? Quem são os envolvidos (vítima, suspeitos, testemunhas)? Qual a motivação?), desde que tais informações tenham sido fornecidas.

8 No computador as expressões em latim estariam em itálico (ou outra forma oficial de destaque), mas na prova, deve ser colocado entre aspas. Não grifar ou ressaltar de nenhum outro modo para não configurar identificação de prova.

[9] Importante colocar a fundamentação específica ao caso tratado. Fundamentação jurídica das medidas cautelares representadas, considerando o fato de os indiciados constituírem uma organização criminosa.

[10] Fundamentação jurídica das medidas cautelares de quebra de sigilo financeiro e bancário.

[11] Fundamentação jurídica das medidas cautelares de quebra de sigilo fiscal.

[12] A representação desta medida cautelar exige que fique claro no pedido o que especificamente o delegado de polícia necessita para as investigações, qual a data exata da quebra e por qual meio ele quer receber.

[13] A representação desta medida cautelar exige que fique claro no pedido o que especificamente o delegado necessita para as investigações, qual a data exata da quebra e por qual meio ele quer receber.

[14] Não necessita de autorização judicial e na prática já teriam sido requisitados estes dados pelo delegado de polícia (artigo 6º, inciso III, do Código de Processo Penal, artigo 2º, § 2º, da Lei nº 12.830/13, artigo 17-B, da Lei nº 9.613/98 e artigo 15 da Lei nº 12.850/13), mas como o problema não forneceu e trata-se de uma peça de prova de concurso é conveniente pedir.

[15] Só colocar os dados fornecidos pela questão, não inventar, neste caso só era possível informar a cidade.

[16] Não assinar a peça. Utilizar o cargo no masculino, mesmo que seja uma candidata do sexo feminino, exceto se a questão mencionar que a investigação está sendo presidida por uma delegada de polícia, situação em que se deve utilizar o cargo no feminino, mesmo que seja um candidato do sexo masculino.

6. REPRESENTAÇÃO PELA INFILTRAÇÃO DE AGENTE POLICIAL

6.1. Conceito e natureza jurídica

Trata-se de uma medida cautelar probatória que tem por objetivo buscar elementos probatórios para a investigação, através de um agente público, que mediante prévia autorização judicial, se infiltra numa organização criminosa ou associação de traficantes, dissimulando o status de integrante do bando para conseguir dados acerca dos membros, estrutura e funcionamento do grupo criminoso.

6.2. Legitimidade

A legitimidade do delegado de polícia em representar pela medida cautelar de infiltração de agentes de polícia em funções investigativas encontra-se prevista no artigo 10, da Lei nº 12.850/13, conforme o disposto abaixo:

> Art. 10. A infiltração de agentes de polícia em tarefas de investigação, representada pelo delegado de polícia ou requerida pelo Ministério Público, após manifestação técnica do delegado de polícia quando solicitada no curso de inquérito policial, será precedida de circunstanciada, motivada e sigilosa autorização judicial, que estabelecerá seus limites.
>
> § 1º Na hipótese de representação do delegado de polícia, o juiz competente, antes de decidir, ouvirá o Ministério Público.

Atenção: para a decretação da medida cautelar de infiltração de agentes é indispensável prévio parecer do representante do Ministério Público, devendo constar na representação formulada pelo delegado de polícia.

6.3. Cabimento

Será cabível a medida cautelar de infiltração de agente quando estivermos diante de uma investigação policial que envolva a prática de crime por uma organização criminosa, nos termos do artigo 10, § 2º, da Lei nº 12.850/13. Vejamos:

> Art. 10.
>
> [...]

> § 2º – Será admitida a infiltração se houver indícios de infração penal de que trata o **artigo 1º** e se a prova não puder ser produzida por outros meios disponíveis. [grifo nosso]

Conforme vimos anteriormente, o artigo 1º, da Lei nº 12.850/13 trata sobre o crime de organização criminosa.

Vale destacar que a infiltração de agente também é possível quando envolver investigação relacionada ao crime de tráfico de drogas, nos termos do artigo 53, da Lei nº 11.343/06. Vejamos:

> Art. 53. Em qualquer fase da persecução criminal relativa aos crimes previstos nesta Lei, são permitidos, além dos previstos em lei, mediante autorização judicial e ouvido o Ministério Público, os seguintes procedimentos investigatórios:
>
> I – a infiltração por agentes de polícia, em tarefas de investigação, constituída pelos órgãos especializados pertinentes.

Assim, a infiltração de agentes só será possível quando da ocorrência de crime praticado por organização criminosa ou de crime de tráfico de drogas.

Ademais, tal medida será o último meio investigativo para se buscar a prova desejada, devendo estar configurado no caso concreto, que todos os meios de obtenção de provas, sobretudo as interceptações das comunicações telefônicas, se demonstram insuficientes ou foram esgotados.

6.4. Requisitos cautelares

6.4.1 *Fumus comissi delicti*

Este requisito cautelar encontra-se positivado na Lei nº 12.850/13, nos seguintes termos:

> Art. 10. [...]
>
> § 2º Será admitida a infiltração se houver **indícios de infração penal** de que trata o artigo 1º e se a prova não puder ser produzida por outros meios disponíveis. [grifo nosso]

6.4.2. *Periculum in mora*

Tal requisito não se encontra positivado na Lei das Organizações Criminosas, porém, deve ser demonstrado na representação, que a mora da não decretação urgente da medida cautelar de infiltração de agentes propiciará grande prejuízo para as investigações, no que se refere à colheita de provas.

Deve ficar claro que se a medida não for deferida imediatamente, não será possível provar a autoria ou participação no crime praticado por integrantes de organizações criminosas ou por associações de traficantes de drogas.

> ***Atenção:*** para ser deferido o pedido constante na representação da presente medida é necessário que haja um agente público disponível para ser infiltrado, o qual poderá se recusar, nos termos do artigo 14, inciso I, da Lei nº 12.850/13.

6.5. Duração da medida

A Lei das Organizações Criminosas estipula um prazo de até seis meses para a infiltração, podendo este ser renovado de acordo com a necessidade e o interesse das investigações.

Vejamos o que dispõe o artigo 10, § 3º, da Lei nº 12.850/13:

> Art. 10 [...]
>
> § 3º A infiltração será autorizada pelo prazo de até 6 (seis) meses, sem prejuízo de eventuais renovações, desde que comprovada sua necessidade.

> ***Atenção:*** o prazo de infiltração deverá constar no pedido de representação formulado pelo delegado de polícia.

6.6. Modelo básico da peça

EXCELENTÍSSIMO SENHOR JUIZ DE DIREITO DA ___ VARA CRIMINAL DA COMARCA DE __________.

SIGILOSO

Inquérito Policial nº ____/____.

O delegado de polícia infrassignatário, representando a Polícia_________, no uso de suas atribuições constitucionais e legais, conferidas pelos artigos _________, vem a Vossa Excelência, representar pela infiltração do agente policial adiante nominado, no seio da organização criminosa conhecida por __________ (especificar o nome da organização criminosa), pelas razões fáticas e jurídicas a seguir expostas:

I – DOS FATOS

Qual foi o crime que ocorreu? Quando ocorreu? Local em que ocorreu? Quem são os envolvidos (vítima, suspeitos, testemunhas)? Qual a motivação? Outras informações relevantes.

II – DOS FUNDAMENTOS JURÍDICOS

a) prática delituosa – demonstrar o crime praticado pelo agente, devendo ser praticado por organização criminosa ou crime de tráfico de drogas.

b) cabimento – demonstrar que não há outro meio de se buscar, bem como que estamos diante de uma investigação envolvendo uma organização criminosa ou pessoas que praticam tráfico de entorpecentes, nos termos do artigo 10, § 2º da Lei nº 12.850/13 e/ou artigo 53, inciso I, da Lei nº 11.343/06, respectivamente.

c) requisitos cautelares – demonstrar a presença do requisito trazido pelo artigo 10, § 2º, da referida Lei ("fumus comissi delicti") e demonstrar que o perigo da demora poderá trazer graves prejuízo às investigações ("periculum in mora"), bem como reiterar que a infiltração é o único meio de se chegar aos elementos informativos.

III-DOS PEDIDOS

Diante do exposto, com base nos fundamentos jurídicos acima declinados, represento pela autorização da infiltração do agente de polícia ________, no seio da organização criminosa __________ (caso exista local específico deve citar), devendo ser confeccionados novos documentos ao mencionado agente em nome de __________ (qualificação alterada), nos termos do artigo 14, inciso II, da Lei nº 12.850/13, pelo prazo inicial de 6 meses, após a respectiva manifestação do membro do Ministério Público.

Nestes termos, pede e espera deferimento.

Cidade, ___ de ________ de _____.

Delegado de Polícia

6.7. Caso proposto – concurso para delegado de polícia do Mato Grosso do Sul de 2017

Após autorização pelo juízo da 1ª Vara Criminal de determinada capital brasileira para realização de interceptação de comunicações telefônicas, visando à investigação do crime de lavagem de dinheiro, colheu-se a informação da prática do crime de tráfico ilícito de drogas por membros da facção conhecida como "CZN" (Comando Zona Norte), integrada pelos condenados Wesley Ferreira, Daniel Inocêncio, Lindomar Praxedes e Ribamar das Neves, que cumprem penas pela prática de crime de roubo (artigo 157 do Código Penal), há pelo menos 15 meses na mesma cela em Penitenciária Estadual de Segurança Máxima. Baseado nessas informações foi instaurado novo Inquérito Policial, para apurar eventual prática de tráfico de drogas e/ou de outros ilícitos[1]. Dos esforços investigativos inclusive advindos de nova interceptação de comunicações telefônicas[2] autorizada pelo juízo da 2ª Vara Criminal dessa mesma capital[3], foi possível compreender que todo o gerenciamento e a divisão de tarefas são definidos verbalmente entre os suspeitos, no interior do estabelecimento prisional[4], bem como se constatou que os referidos reclusos vêm cooptando outros membros, inclusive não aprisionados, visando a integrar a facção e ampliar seu poder de atuação. Não obstante, não foi possível estabelecer indícios suficientes de autoria e prova cabal da materialidade delitiva, razão pela qual não se concluiu o Inquérito Policial. [5]

Em face do caso narrado, na qualidade de Delegado de polícia responsável pela investigação, elabore, fundamentadamente, a medida pertinente ao caso, visando à constituição de justa causa para o oferecimento de eventual ação penal. [6]

Considerações sobre o caso proposto

1 Neste momento já é possível responder a primeira pergunta essencial para a correta identificação da peça prático-profissional, ou seja, que o crime investigado se trata de tráfico ilícito de drogas (artigo 33, da Lei nº 11.343/06). Neste caso a banca não forneceu a tipificação legal. Também restou evidente indícios de autoria do cometimento do delito de tráfico ilícito de drogas pelos membros da mencionada organização criminosa.

2 É possível excluir a medida cautelar de interceptação de comunicações telefônicas, já que tal medida já foi deferida e exaurida.

3 Aqui foi fornecido o Juízo competente para analisar a representação que será formulada.

4 É possível excluir a representação pela renovação de interceptação de comunicações telefônicas, já que restou claro que os reclusos pertencentes à organização criminosa investigada se comunicam apenas verbalmente no interior do estabelecimento prisional.

5 Neste momento é possível responder a segunda pergunta essencial para a correta identificação da peça prático-profissional, ou seja, a fase em que a investigação se encontra, pois a banca afirmou que o inquérito policial não foi concluído por não ter sido possível estabelecer indícios suficientes de

autoria e prova cabal da materialidade delitiva, portanto, em fase inicial ou intermediária.

6 Neste momento é possível responder a terceira pergunta essencial para a correta identificação da peça prático-profissional, ou seja, o que o delegado de polícia busca para o êxito das investigações, que no caso em tela, é a consecução de novas provas, no intuito de identificar e evidenciar a conduta dos envolvidos, demonstrando claramente os indícios suficientes de autoria e de comprovar a materialidade de crimes.

6.8. Resolução do caso proposto – Representação por medida cautelar de infiltração de agente de polícia em tarefas de investigação[1]

EXCELENTÍSSIMO SENHOR JUIZ DE DIREITO DA 2ª VARA CRIMINAL[2] DA COMARCA DE DETERMINADA CAPITAL BRASILEIRA.[3]

SIGILOSO[4]

Inquérito policial nº . [5]

O delegado de polícia infrassignatário, representando a Polícia Civil de determinado Estado, no uso de suas atribuições constitucionais e legais, conferidas pelos artigo 144, § 4º, da Constituição da República, artigo 2º, § 1º, da Lei nº 12.830/13, artigo 4º, "caput", do Código de Processo Penal[6] e no artigo 10 da Lei nº 12.850/13[7], vem a Vossa Excelência, representar pela infiltração de agente de polícia em atividade de investigação na organização criminosa conhecida como Comando Zona Norte, com fundamento no artigo 3º, inciso VII, da Lei nº 12.850/13 e no artigo 53, inciso I, da Lei nº 11.343/06[8], pelas razões fáticas e jurídicas a seguir expostas:

I – DOS FATOS

O Inquérito policial referido acima foi instaurado para apurar o crime de tráfico de drogas, tipificado ao teor do artigo 33, da Lei nº 11.343/06[9] e outros ilícitos, praticado por membros da facção conhecida como "CZN" (Comando Zona Norte), integrada pelos condenados Wesley Ferreira, Daniel Inocêncio, Lindomar Praxedes e Ribamar das Neves, que cumprem penas pela prática de crime de roubo, há pelo menos 15 meses, na mesma cela em Penitenciária Estadual de Segurança Máxima.

As informações que deram origem à instauração do presente inquérito policial são decorrentes de outro inquérito policial, no qual o juízo da 1ª Vara Criminal da mesma capital brasileira decretou a interceptação de comunicações telefônicas, visando à investigação do crime de lavagem de dinheiro.

Dos esforços investigativos advindos de interceptação de comunicações telefônicas realizada nos presentes autos, autorizada por este juízo da 2ª Vara Criminal, foi possível compreender que todo o gerenciamento e a divisão de tarefas da mencionada facção são definidos verbalmente entre os suspeitos, no interior do estabelecimento prisional.

Constatou-se ainda, que os referidos reclusos vêm cooptando outros membros, inclusive não aprisionados, visando integrar a facção e ampliar seu poder de atuação. [10]

Vale ressaltar ainda, que os dados qualificativos do agente de polícia a ser infiltrado, deverá ser mantido sob sigilo, observando ao disposto no artigo 12 da Lei nº 12.850/13, devendo o mesmo ser identificado pelo nome __________. [11]

II – DOS FUNDAMENTOS JURÍDICOS

Considerando os fatos acima narrados, resta claro o cabimento da medida cautelar representada, pois trata-se de investigação de tráfico de drogas, tipificada ao teor do artigo 33, da Lei nº 11.343/06, infração penal punida com pena de reclusão de cominação máxima acima de quatro anos, praticado por demonstrada organização criminosa, atendendo assim as exigências do artigo 1º, § 1º, da Lei nº 12.850/13 e do artigo 53, inciso I, da Lei nº 11.343/06.

Também é importante mencionar o cumprimento do disposto no artigo 10, § 2º, pois a infiltração do agente de polícia na organização criminosa Comando Zona Norte representa a única forma de consecução de prova no presente caso[12], pois como exposto acima, os investigados só se comunicam verbalmente no interior do estabelecimento prisional, e a infiltração ORA representada possibilitará a identificação dos integrantes da organização criminosa, a individualização de suas condutas, a apuração do alcance das infrações penais cometidas, bem como a apreensão de objeto oriundo de crime.

A isso, somam-se os requisitos do "fumus comissi delicti"[13], afinal, existem indícios de autoria dos integrantes da organização criminosa acima mencionada no crime de tráfico de drogas; e do "periculum in mora", que está no risco efetivo de frustração da aquisição de prova da autoria ou participação no crime investigado se a medida não for deferida de imediato, causando grande prejuízo às investigações.

Assim, visando solucionar o crime e instruir o inquérito policial, faz-se imprescindível a decretação da infiltração de agente policial em atividade de investigação na organização criminosa "CZN", consistente em sua inserção, como se condenado fosse, na mesma cela da Penitenciária Estadual de Segurança Máxima em que encontram-se os condenados Wesley Ferreira, Daniel Inocêncio, Lindomar Praxedes e Ribamar das Neves; com a finalidade de obter novas provas sobre o crime e a estrutura utilizada no tráfico de drogas, bem como descobrir as identidades das pessoas já cooptadas e que vem integrando a organização criminosa em comento, restando cumpridas assim as exigências do artigo 11, da Lei nº 12.850/13.[14]

Ressalto que, em caso de risco iminente do agente infiltrado, este delegado de polícia interromperá a operação, fazendo as devidas comunicações imediatas ao Ministério Público e à Vossa Excelência. [15]

III – DOS PEDIDOS

Diante do exposto, com fundamento nos artigos 3º, inciso VII, 10 e 11, todos da Lei nº 12.850/13 e artigo 53, inciso I, da Lei nº 11.343/06, e demonstrada a imprescindibilidade da medida, represento pela infiltração do agente de polícia , pelo prazo de 6 (seis) meses[16], na atividade de investigação acima descrita, inserindo-o, como se condenado fosse, na mesma cela da Penitenciária Estadual de Segurança Máxima em que encontram-se os investigados, após ouvido o Ministério Público[17], devendo perdurar o total sigilo conferido pela norma legal até o processamento do feito, quando restará ainda, preservada a identidade do agente.[18]

Nestes termos, pede e espera deferimento.

Determinada capital brasileira, de de .[19]

Delegado de Polícia[20]

Considerações sobre a resolução do caso proposto

1 A medida cautelar de interceptação das comunicações telefônicas já foi utilizada, mas demonstrou ser insuficiente para a conclusão das investigações, pois os membros da organização criminosa se comunicam verbalmente no interior do estabelecimento prisional e não via telefone, assim configurou-se a possibilidade e necessidade da medida cautelar probatória de infiltração de agente de polícia em atividade de investigação na organização criminosa investigada.

A banca inicialmente considerou apenas essa peça como a correta, mas depois admitiu também como resposta válida a representação pela medida cautelar de interceptação de comunicação ambiental, já tratada anteriormente.

2 Por tratar-se do crime de tráfico ilícito de drogas e por já existir um processo em andamento na mencionada vara sobre a investigação ora trabalhada.

3 Colocar exatamente como fornecido na questão.

4 Exigência legal constante nos artigos 10 e 12, da Lei n.º 12.850/13.

5 A questão não forneceu o número do inquérito policial, portanto, o campo deve ficar em branco. Não inventar dados.

6 Artigos que demonstram a competência do delegado de polícia para a condução das investigações criminais objetivando a apuração das infrações penais e sua consequente legitimidade para representar em Juízo.

7 Artigo específico que legitima o delegado de polícia a representar pela infiltração de agente de polícia em atividade de investigação.

8 Algumas bancas cobram a fundamentação da peça logo no preâmbulo, como ocorreu no presente caso.

9 Não utilizar abreviações, exceto se a questão já o fez, que não é o caso. Especificamente na prova ora trabalhada a banca não exigiu do candidato a tipificação legal, mas o comum é ser exigido.

10 Colocar os elementos fáticos essenciais para representação da medida cautelar, narrando sucinta e fielmente os dados fornecidos pela questão, ou seja, sem inventar qualquer informação, para não caracterizar identificação de prova. Lembrar das questões básicas a serem respondidas na narrativa do texto (Qual foi o crime que ocorreu? Quando ocorreu? Local em que ocorreu? Quem são os envolvidos (vítima, suspeitos, testemunhas)? Qual a motivação?), desde que tais informações tenham sido fornecidas.

11 Informação importante nesse tipo de representação, embora não tenha sido considerado item essencial pela banca examinadora do presente certame.

12 Esse requisito deve estar demonstrado na presente representação, pois faz parte da demonstração de seu cabimento.

Atenção, foi exatamente este requisito que possibilitou aos candidatos que representaram pela medida cautelar de interceptação de comunicação ambiental terem suas provas admitidas como corretas, pois embora a banca tenha escolhido como resposta do problema apresentado a medida cautelar ora trabalhada, se analisarmos profundamente, ela não seria o único meio de consecução da prova, nem a medida menos gravosa. Porém, uma vez escolhida a presente peça, a demonstração deste requisito é essencial.

[13] No computador as expressões em latim estariam em itálico (ou outra forma oficial de destaque), mas na prova, deve ser colocado entre aspas. Não grifar ou ressaltar de nenhum outro modo para não configurar identificação de prova.

[14] Informações extremamente relevantes na presente representação e que foram consideradas como itens de pontuação no espelho da prova, pois a representação pela infiltração de agente exige que se demonstre a necessidade da medida, o alcance das tarefas dos agentes, os nomes ou apelidos dos investigados, bem como o local da infiltração.

[15] Demonstra conhecimento do candidato em relação à medida representada, previsão do artigo 12, § 3º, da Lei nº 12.850/13, embora não tenha sido considerado item essencial pela banca examinadora do presente certame.

[16] Item que deve estar presente na representação desta medida cautelar, demonstrando o conhecimento legal do candidato, foi uma das exigências do espelho da prova (artigo 10, § 3º, da Lei nº 12.850/13). Pedir a infiltração pelo prazo de 6 (seis) meses e não mencionar que pode ser renovada, pois o pedido deve ser claro, o candidato deve demonstrar exatamente o que está pedindo. A renovação da infiltração seria outra peça. Importante mencionar que no espelho da prova constava o pedido da medida pelo prazo de até 6 (seis) meses.

[17] O candidato deve demonstrar ao examinador que tem conhecimento desta exigência legal no caso da infiltração de agente (artigo 10, § 1º, da Lei nº 12.850/13).

[18] Pedido relevante na presente representação e que foi considerado como item de pontuação no espelho da prova.

[19] Só colocar os dados fornecidos pela questão, não inventar, neste caso só era possível dizer que o caso ocorreu em determinada capital brasileira.

[20] Não assinar a peça. Utilizar o cargo no masculino, mesmo que seja uma candidata do sexo feminino, exceto se a questão mencionar que a investigação está sendo presidida por uma delegada de polícia, situação em que se deve utilizar o cargo no feminino, mesmo que seja um candidato do sexo masculino.

7. REPRESENTAÇÃO POR AÇÃO CONTROLADA (ENTREGA VIGIADA)

7.1. Conceito e natureza jurídica

É uma medida cautelar probatória que tem por objetivo retardar a intervenção policial em relação a crimes em curso, perpetrados por organizações criminosas ou por traficantes de drogas, com o objetivo de materializar em um momento mais oportuno a obtenção de elementos de informação, havendo observação e acompanhamento até a concretização da efetiva intervenção.

É importante frisar que a Lei nº 12.850/13, que prevê a ação controlada como um meio de investigação e obtenção de prova, dispensa prévia autorização judicial, bastando que o delegado de polícia comunique previamente ao juiz, nos termos do artigo 10, § 1º, da referida Lei.

Vejamos:

> Art. 8º Consiste a ação controlada em retardar a intervenção policial ou administrativa relativa à ação praticada por organização criminosa ou a ela vinculada, desde que mantida sob observação e acompanhamento para que a medida legal se concretize no momento mais eficaz à formação de provas e obtenção de informações.
>
> § 1º O retardamento da intervenção policial ou administrativa será previamente comunicado ao juiz competente que, se for o caso, estabelecerá os seus limites e comunicará ao Ministério Público.

Por outro lado, a Lei nº 11.343/06 exige uma prévia autorização judicial para a decretação da medida cautelar de ação controlada, desde que ouvido o Ministério Público, sendo este o foco principal do nosso estudo.

Vejamos o que dispõe o artigo 53, incido II, da Lei nº 11.343/06:

> Art. 53 Em qualquer fase da persecução criminal relativa aos crimes previstos nesta Lei, são permitidos, além dos previstos

> em lei, mediante autorização judicial e ouvido o Ministério Público, os seguintes procedimentos investigatórios:
>
> [...]
>
> II – a não-atuação policial sobre os portadores de drogas, seus precursores químicos ou outros produtos utilizados em sua produção, que se encontrem no território brasileiro, com a finalidade de identificar e responsabilizar maior número de integrantes de operações de tráfico e distribuição, sem prejuízo da ação penal cabível.

> ***Atenção:*** quando se trata de uma organização criminosa, não se faz necessária a representação pela ação controlada, devendo ser feita uma comunicação previa ao juiz, por meio de procedimento sigiloso, conforme veremos adiante.

7.2. Legitimidade

A Lei Antidrogas (Lei nº 11.343/06) não trouxe um rol prevendo os legitimados para pleitearem a presente medida cautelar, porém devemos referenciar no preâmbulo da peça os artigos gerais relacionados à legitimidade investigativa do delegado de polícia, quais sejam, o artigo 144, § 1º, incisos I e IV (Polícia Federal) ou § 4º (Polícia Civil), artigo 2º, § 1º da Lei nº 12.830/13 e artigo 4º, do Código de Processo Penal.

7.3. Cabimento

Conforme visto no tópico 7.1, será cabível a representação por medida cautelar de ação controlada, notadamente na modalidade de entrega vigiada, quando estivermos diante de uma investigação envolvendo o crime de tráfico de drogas, visando com a medida, identificar e responsabilizar, além do mero entregador, outras pessoas envolvidas no crime.

Vale destacar que, se estivermos diante de uma organização criminosa, não será necessário o delegado de polícia representar pela medida cautelar de ação controlada, bastando uma prévia comunicação ao juiz. Assim não há em que se falar sobre cabimento da presente medida cautelar em relação a investigação envolvendo crime praticado por organização criminosa.

7.4. Requisitos Cautelares

7.4.1. Fumus comissi delicti

O *fumus comissi delicti*, é um requisito indispensável à decretação da ação controlada, consubstanciado pelos indícios de autoria ou participação em crime de tráfico de entorpecentes, levando em consideração que o crime de organização criminosa dispensa representação.

7.4.2. Periculum in mora

Este requisito não se encontra positivado na Lei Antidrogas, porém, deve ser demonstrado na representação que a mora da não decretação urgente da medida cautelar, acarretará um grande prejuízo para as investigações. Tal medida refere-se à diligência de não-atuação policial momentânea, visando identificar e responsabilizar penalmente o maior número de integrantes de grupos relacionados ao tráfico de drogas.

7.5. Modelo básico da peça

EXCELENTÍSSIMO SENHOR JUIZ DE DIREITO DA ___ VARA CRIMINAL DA COMARCA DE__________.

SIGILOSO

Inquérito Policial nº ____/____.

O delegado de polícia infrassignatário, representando a Polícia_________, no uso de suas atribuições constitucionais e legais, conferidas pelos artigos __________, vem a Vossa Excelência, representar pela ação controlada, na modalidade de entrega vigiada, pelas razões fáticas e jurídicas a seguir expostas:

I – DOS FATOS

Qual foi o crime que ocorreu? Quando ocorreu? Local em que ocorreu? Quem são os envolvidos (vítima, suspeitos, testemunhas)? Qual a motivação? Outras informações relevantes.

II – DOS FUNDAMENTOS JURÍDICOS

a) prática delituosa – demonstrar o crime praticado pelo agente, devendo ser o de tráfico de drogas.

b) cabimento – demonstrar que está diante de uma investigação envolvendo o crime de tráfico de drogas e, nos termos do artigo 53, inciso II, da Lei nº 11.343/06, será permitida a ação controlada.

c) requisitos cautelares – demonstrar a presença "fumus comissi delicti" e demonstrar que o perigo da demora poderá trazer graves prejuízos à investigação ("periculum in mora"), impedindo de identificar outros integrantes do grupo de traficantes.

III – DOS PEDIDOS

Diante do exposto, com base nos fundamentos jurídicos acima declinados, represento pela decretação da ação controlada, na modalidade entrega vigiada, após a respectiva manifestação do membro do Ministério Público, para que ocorra a não atuação policial, quando __________ (definir a situação exata), objetivando a responsabilização penal do maior número de pessoas integrantes do grupo.

Nestes termos, pede e espera deferimento.

Cidade, ___ de __________ de ______.

Delegado de Polícia

7.6. Caso proposto 1

Na Delegacia de Polícia de Repressão ao Narcotráfico da cidade de Presidente Prudente – São Paulo, encontra-se em tramitação o inquérito policial 133/18, para investigar o cometimento do crime de tráfico de drogas[1] praticado pelo motorista de caminhão "Zé do Milho" [2], que segundo apuração preliminar, teria transportado certa quantidade de cocaína escondida em sua carga de milho. Durante as investigações, foi decretada a interceptação telefônica do terminal de "Zé do Milho"[3], e por meio de tal medida foi possível constatar que no dia 01/03/2018, por volta de 05h, ele abastecerá seu caminhão no depósito da empresa X, onde será inserido 100 kg de cocaína em embalagens soltas no meio da carga de milho por um funcionário da mencionada empresa e que esta carga será transportada até a cidade de Bauru – SP, não se sabendo ainda o local exato da entrega. Não foi possível ainda, a identificação dos outros dois envolvidos no crime, nem do funcionário que abasteceria o caminhão com a droga, nem da pessoa que receberia o entorpecente. [4]

Em face do caso narrado, na qualidade de Delegado de polícia responsável pela investigação, elabore, fundamentadamente, a medida cautelar pertinente ao caso.

Considerações sobre o caso proposto

1 Neste momento já é possível responder a primeira pergunta essencial para a correta identificação da peça prático-profissional, ou seja, que o crime investigado se trata de tráfico ilícito de drogas (artigo 33, da Lei nº 11.343/06). Neste caso a questão não forneceu a tipificação legal.

2 Restou evidente indícios de autoria do cometimento do delito de tráfico ilícito de drogas por "Zé do Milho".

3 É possível excluir a medida cautelar de interceptação de comunicações telefônicas, já que tal medida já foi deferida, bem como a representação pela renovação de interceptação de comunicações telefônicas, vez que não foi fornecido qualquer número de terminal telefônico.

[4] Neste momento é possível responder a segunda pergunta essencial para a correta identificação da peça prático-profissional, ou seja, a fase em que a investigação se encontra, que neste caso, não é de conclusão. Informação relevante para que o candidato exclua a possibilidade da elaboração de um relatório conclusivo cumulado com medida cautelar.

Também é possível responder a terceira pergunta essencial para a correta identificação da peça prático-profissional, ou seja, o que o delegado de polícia busca para o êxito das investigações, que no caso em tela, é a consecução de provas da materialidade do crime, bem como a identificação dos outros dois envolvidos.

7.7. Resolução do caso proposto 1 – Representação por medida cautelar de ação controlada na modalidade entrega vigiada[1]

EXCELENTÍSSIMO SENHOR JUIZ DE DIREITO DA VARA CRIMINAL[2] DA COMARCA DE PRESIDENTE PRUDENTE – SÃO PAULO.

SIGILOSO

Inquérito policial nº 133/18.

O delegado de polícia infrassignatário, representando a Polícia Civil de São Paulo, no uso de suas atribuições constitucionais e legais, conferidas pelo artigo 144, § 4º, da Constituição da República, artigo 2º, § 1º, da Lei nº 12.830/13 e artigo 4º, "caput", do Código de Processo Penal[3], vem a Vossa Excelência, representar pela ação controlada, na modalidade entrega vigiada, com fundamento no artigo 53, inciso II, da Lei nº 11.343/06[4], pelas razões fáticas e jurídicas a seguir expostas:

I – DOS FATOS

O Inquérito policial referido acima foi instaurado para apurar o crime de tráfico de drogas, tipificado ao teor do artigo 33, da Lei nº 11.343/06[5], praticado pelo motorista de caminhão "Zé do Milho", que segundo apuração preliminar, teria transportado certa quantidade de cocaína escondida em sua carga de milho, crime este, cometido na cidade de Presidente Prudente – SP.

Durante as investigações, foi decretada por este Juízo, a interceptação telefônica do terminal de "Zé do Milho", e por meio de tal medida foi possível constatar que no dia 01/03/2018, por volta de 05h, ele abastecerá seu caminhão no depósito da empresa X, onde será inserido 100 kg de cocaína em embalagens soltas no meio da carga de milho por um funcionário da mencionada empresa e que esta carga será transportada até a cidade de Bauru – SP, não se sabendo ainda o local exato da entrega.

Embora a equipe policial tenha realizado diversas diligências policiais, não foi possível identificar nem quem seria o funcionário da empresa X que abasteceria o caminhão com a droga, nem a pessoa que receberia o entorpecente em Bauru – SP.[6]

II – DOS FUNDAMENTOS JURÍDICOS

Considerando os fatos acima narrados, resta claro o cabimento da medida cautelar de ação controlada, na modalidade entrega vigiada, pois o crime investigado trata-se de tráfico de drogas, tipificado ao teor do artigo 33, da Lei nº 11.343/06, e há clara demonstração do dia, hora, local e itinerário provável da operação, bem como a identificação de um dos envolvidos, atendendo assim as exigências do artigo 53, inciso II e parágrafo único, da Lei nº 11.343/06.

A isso, somam-se os requisitos do "fumus comissi delicti"[7], afinal, existem indícios de autoria do investigado[8] no crime de tráfico de drogas; e do "periculum in mora", que está presente na necessidade da medida e no prejuízo para as investigações no caso da demora de sua decretação, pois configurado o risco efetivo de frustração da aquisição de prova da autoria ou participação, ou seja, da identificação dos outros agentes envolvidos no tráfico.

III – DOS PEDIDOS

Diante do exposto, presentes os requisitos legais autorizadores da medida, com fundamento no artigo 53, inciso

II, da Lei nº 11.343/06[9], represento pela decretação de ação controlada, na modalidade entrega vigiada, para que ocorra a não atuação policial quando da saída da droga da empresa X, na cidade de Presidente Prudente, com o fim de identificar e responsabilizar o maior número de integrantes da operação de tráfico de drogas ora investigada e de sua distribuição[10], após ouvido o Ministério Público[11].

Informo que, uma vez decretada a medida representada, o delegado de polícia que esta subscreve, como presidente da investigação, observando o princípio da proporcionalidade e razoabilidade, atuará no momento mais oportuno e conveniente para resguardar a produção de provas, realizando a prisão em flagrante dos envolvidos ou representando pela medida cautelar adequada, a depender da situação em concreto.[12]

Por fim, requer a autuação do pedido em apartado e que seja decretado sigilo para garantir o êxito das investigações.

Nestes termos, pede e espera deferimento.

Presidente Prudente, de de 2018. [13]

Delegado de Polícia[14]

Considerações sobre a resolução do caso proposto

1 Importante a identificação do crime em investigação, pois a Lei Antidrogas traz tratamento diferenciado para a medida em questão, quando o crime não é praticado por organização criminosa, exigindo neste caso, a representação judicial.

2 Por tratar-se do crime de tráfico ilícito de drogas.

3 Artigos que demonstram a competência do delegado de polícia para a condução das investigações criminais objetivando a apuração das infrações penais e sua consequente legitimidade para representar em Juízo.

4 Algumas bancas cobram a fundamentação da peça logo no preâmbulo.

[5] Não utilizar abreviações, exceto se a questão já o fez, que não é o caso.

[6] Colocar os elementos fáticos essenciais para representação da medida cautelar, narrando sucinta e fielmente os dados fornecidos pela questão, ou seja, sem inventar qualquer informação, para não caracterizar identificação de prova. Lembrar das questões básicas a serem respondidas na narrativa do texto (Qual foi o crime que ocorreu? Quando ocorreu? Local em que ocorreu? Quem são os envolvidos (vítima, suspeitos, testemunhas)? Qual a motivação?), desde que tais informações tenham sido fornecidas.

[7] No computador as expressões em latim estariam em itálico (ou outra forma oficial de destaque), mas na prova, deve ser colocado entre aspas. Não grifar ou ressaltar de nenhum outro modo para não configurar identificação de prova.

[8] Como a questão não disse que "Zé do Milho" foi indiciado, deve ser referido na peça como investigado.

[9] Importante colocar a fundamentação específica ao caso tratado.

[10] Deve ficar evidente quando ocorrerá a não atuação e o objetivo da medida.

[11] O candidato deve demonstrar ao examinador que tem conhecimento desta exigência legal no caso da medida ora representada (artigo 53, "caput", da Lei nº 11.343/06).

[12] Deixar claras as possibilidades da atuação policial com a decretação da medida representada.

[13] Só colocar os dados fornecidos pela questão, não inventar, neste caso só era possível informar a cidade e o ano.

[14] Não assinar a peça. Utilizar o cargo no masculino, mesmo que seja uma candidata do sexo feminino, exceto se a questão mencionar que a investigação está sendo presidida por uma delegada de polícia, situação em que se deve utilizar o cargo no feminino, mesmo que seja um candidato do sexo masculino.

7.8. Caso proposto 2 (caso 1 adaptado)

Na Delegacia de Polícia de Repressão ao Narcotráfico da cidade de Presidente Prudente – São Paulo, encontra-se em tramitação o inquérito policial 133/18, para investigar o cometimento do crime de tráfico de drogas[1] praticado pelo motorista de caminhão "Zé do Milho" [2], que segundo apuração preliminar, teria transportado certa quantidade de cocaína escondida em sua carga de milho. Durante as investigações, foi decretada a interceptação telefônica do terminal de "Zé do Milho"[3], e por meio de tal medida foi possível constatar que o mesmo era integrante de uma organização criminosa que regularmente fazia o transporte e distribuição de drogas no Estado de São Paulo.[4] Também foi possível identificar, por meio da interceptação, que no dia 01/03/2018, por volta de 05h, ele abastecerá seu caminhão no depósito da empresa X, onde será inserido 100 kg de cocaína em embalagens soltas no meio da carga de milho por dois funcionários da mencionada empresa e que esta carga será transportada até a cidade de Bauru – SP, onde será entregue a uma pessoa responsável pela posterior distribuição da droga nos pontos de venda previamente estipulados pela organização criminosa, não se sabendo ainda o local exato da entrega. Não foi possível ainda, a identificação dos outros integrantes da organização criminosa. [5]

Em face do caso narrado, na qualidade de delegado de polícia responsável pela investigação, elabore, fundamentadamente, a peça prático-profissional pertinente ao caso.

Considerações sobre o caso proposto

1 Neste momento já é possível responder a primeira pergunta essencial para a correta identificação da peça prático-profissional, ou seja, que o crime investigado se trata de tráfico ilícito de drogas (artigo 33, da Lei nº 11.343/06). Neste caso a questão não forneceu a tipificação legal.

2 Restou evidente indícios de autoria do cometimento do delito de tráfico ilícito de drogas por "Zé do Milho".

3 É possível excluir a medida cautelar de interceptação de comunicações telefônicas, já que tal medida já foi deferida, bem como a representação pela renovação de interceptação de comunicações telefônicas, vez que não foi fornecido qualquer número de terminal telefônico.

[4] Aqui resta claro que o investigado pertence a uma organização criminosa, fator de extrema importância para determinação da peça prático-profissional a ser elaborada pelo candidato.

[5] Neste momento é possível responder a segunda pergunta essencial para a correta identificação da peça prático-profissional, ou seja, a fase em que a investigação se encontra, que neste caso, não é de conclusão.

Também é possível responder a terceira pergunta essencial para a correta identificação da peça prático-profissional, ou seja, o que o delegado de polícia busca para o êxito das investigações, que no caso em tela, é a consecução de provas da materialidade do crime, bem como a identificação dos outros integrantes da organização criminosa.

7.9. Resolução do caso proposto 2 – Comunicação de ação controlada[1]

EXCELENTÍSSIMO SENHOR JUIZ DE DIREITO DA VARA CRIMINAL[2] DA COMARCA DE PRESIDENTE PRUDENTE – SÃO PAULO.

SIGILOSO[3]

Inquérito policial nº 133/18. [4]

O delegado de polícia infrassignatário, representando a Polícia Civil de São Paulo, no uso de suas atribuições constitucionais e legais, conferidas pelos artigo 144, § 4º, da Constituição da República, artigo 2º, § 1º, da Lei nº 12.830/13 e artigo 4º, "caput", do Código de Processo Penal[5], bem como no artigo 8º, "caput" e § 1º, da Lei nº 12.850/13[6], vem a Vossa Excelência comunicar, previamente, a possibilidade de retardamento da intervenção policial, consoante os fatos e fundamentos expostos a seguir:

O inquérito policial referido acima foi instaurado para apurar o crime de tráfico de drogas (artigo 33, da Lei nº 11.343/06)[7] praticado pelo motorista de caminhão "Zé do Milho", que segundo apuração preliminar, teria transportado certa quantidade de cocaína escondida em sua carga de milho, crime este, cometido na cidade de Presidente Prudente – SP.

Durante as investigações, foi decretada por este Juízo, a interceptação telefônica do terminal de "Zé do Milho", e por meio de tal medida foi possível constatar que ele é integrante de uma organização criminosa que regularmente faz o transporte e distribuição de drogas no Estado de São Paulo.

Também foi possível identificar, por meio da interceptação, que no dia 01/03/2018, por volta de 05h, o investigado abastecerá seu caminhão no depósito da empresa X, onde será inserido 100 kg de cocaína em embalagens soltas no meio da carga de milho por dois funcionários da mencionada empresa e que esta carga será transportada até a cidade de Bauru – SP, onde será entregue a uma pessoa responsável pela posterior distribuição da droga nos pontos de venda previamente estipulados pela organização criminosa, não se sabendo ainda o local exato da entrega.

Embora a equipe policial tenha realizado diversas diligências policiais, não foi possível identificar os demais integrantes da organização criminosa. [8]

Considerando os fatos acima narrados, resta clara a necessidade da utilização do meio de obtenção de prova conhecido como ação controlada, pois o retardamento da intervenção policial no momento da inserção da droga no caminhão do investigado, com dia hora e local já identificados, possibilitará a identificação dos outros integrantes da mencionada organização criminosa, além da obtenção de outras provas e informações relevantes às investigações, como por exemplo o "modus operandi"[9] dos envolvidos e a identificação dos pontos de venda da droga transportada.

Assim, visando identificar, acompanhar e neutralizar as ações da suposta organização criminosa e com fundamento nos artigos 3º, inciso III e 8º, ambos da Lei nº 12.850/13[10], comunico a Vossa Excelência a utilização da ação controlada na investigação referida acima, cuja presidência ficará a cargo do delegado de polícia que esta subscreve, a fim de que, dentro do princípio da proporcionalidade e razoabilidade, se possa fazer o acompanhamento e registro da ocorrência de supostas práticas ilícitas, agindo em momento mais apropriado e proveitoso do ponto de vista da formação de provas e obtenção de informações, utilizando para tanto, as técnicas disponíveis e adequadas para cada situação operacional.

Requeiro a autuação da presente comunicação em apartado e de forma sigilosa para garantir o êxito das investigações, conforme previsto no 8º, §§ 2º e 3º, da Lei nº 12.850/13, sendo ainda, comunicado o Ministério Público[11].

Por fim, informo que encerradas as diligências, será providenciado o competente o auto circunstanciado da ação controlada, que será encaminhado a este Juízo. [12]

Atenciosamente. [13]

Presidente Prudente, de de 2018. [14]

Delegado de Polícia[15]

Considerações sobre a resolução do caso proposto

1 Importante a identificação de que o investigado pertence a uma organização criminosa para identificar que a peça prático-profissional a ser elaborada é a comunicação do meio de obtenção de prova ação controlada, vez que se não estivesse configurada a existência desta organização criminosa, haveria a necessidade de uma representação judicial.

2 Por tratar-se do crime de tráfico ilícito de drogas.

3 Exigência legal constante no artigo 8º, § 2º, da Lei nº 12.850/13.

4 A questão forneceu o número do inquérito policial.

5 Artigos que demonstram a competência do delegado de polícia para a condução das investigações criminais objetivando a apuração das infrações penais e sua consequente legitimidade para comunicar o Juízo.

6 Artigo específico que regulamenta a comunicação da ação controlada na Lei nº 12.850/13.

7 Não utilizar abreviações, exceto se a questão já o fez, que não é o caso.

8 Colocar os elementos fáticos essenciais, narrando sucinta e fielmente os dados fornecidos pela questão, ou seja, sem inventar qualquer informação, para não caracterizar identificação de prova. Lembrar das questões básicas a serem respondidas na narrativa do texto (Qual foi o crime que ocorreu? Quando ocorreu? Local em que ocorreu? Quem são os envolvidos (vítima, suspeitos, testemunhas)? Qual a motivação?), desde que tais informações tenham sido fornecidas.

9 No computador as expressões em latim estariam em itálico (ou outra forma oficial de destaque), mas na prova, deve ser colocado entre aspas. Não grifar ou ressaltar de nenhum outro modo para não configurar identificação de prova.

10 Importante colocar a fundamentação específica ao caso tratado.

11 O candidato deve demonstrar ao examinador que tem conhecimento de que no caso em tela há a necessidade da comunicação do Ministério Público (artigo 8º, § 1º, da Lei nº 12.850/13).

12 Informação que demonstra conhecimento da exigência legal constante no artigo 8º, § 4º, da Lei nº 12.850/13.

13 Não está se pedindo nada, portanto seu encerramento é divergente das representações, utilizando-se o termo atenciosamente por não existir hierarquia entre o comunicador e o comunicado.

14 Só colocar os dados fornecidos pela questão, não inventar, neste caso só era possível informar a cidade e o ano.

15 Não assinar a peça. Utilizar o cargo no masculino, mesmo que seja uma candidata do sexo feminino, exceto se a questão mencionar que a investigação está sendo presidida por uma delegada de polícia, situação em que se deve utilizar o cargo no feminino, mesmo que seja um candidato do sexo masculino.

8. REPRESENTAÇÃO PELA BUSCA DOMICILIAR

8.1. Conceito e natureza jurídica

É uma medida cautelar de natureza probatória que tem por objetivo buscar, localizar e apreender pessoas ou coisas, angariando provas e/ou preservando direitos.

Nesse sentido a busca domiciliar consiste numa diligência realizada em algum domicílio, seja do investigado ou de uma terceira pessoa não envolvida no crime[3], desde que presentes os requisitos necessários, conforme veremos adiante.

É importante destacar que a busca domiciliar consiste no ato de encontrar objetos ou pessoas, ao passo que a apreensão é a consequência da busca (finalidade), ou seja, é a medida de constrição, para acautelar, colocar sob custódia determinado objeto ou pessoa. [4]

Atenção: o conceito de casa deve ser interpretado de maneira ampla, compreendendo os escritórios, consultórios particulares, bem como os quartos de hotel ou motel, desde que habitados.

Atenção: os escritórios de advocacia podem ser alvos de busca e apreensão, devendo se encontrar presente um representante da OAB, no entanto, já decidiu o STF que, uma vez informada a OAB, caso esta não envie representante, a diligência pode prosseguir, devendo tudo ser registrado nos autos (artigo 7º, inciso II, da Lei nº 8.906/94 – EOAB).

8.2. Fundamento constitucional

A casa possui proteção constitucional trazida pelo artigo 5º, inciso XI, da Constituição da República, que dispõe que o domicílio não pode ser violado, exceto em alguns casos

3. MACHADO. Antônio Alberto. Curso de Processo Penal. São Paulo: Editora Atlas, 2009, p. 581
4. TÁVORA, Nestor; ALENCAR, Rosmar Rodrigues. Curso de direito processual penal. São Paulo: Editora Juspodivm, 2011, p. 446.

especiais, em que se encontra inserido o cumprimento de busca domiciliar, precedido de autorização judicial.

Vejamos:

> Art. 5º
>
> [...]
>
> XI – a casa é asilo inviolável do indivíduo, ninguém nela podendo penetrar sem consentimento do morador, salvo em caso de flagrante delito ou desastre, ou para prestar socorro, ou, durante o dia, por determinação judicial.

Nessa esteira, a garantia da inviolabilidade domiciliar deve ser relativizada nos seguintes casos:

a) Quando houver livre consentimento do morador do imóvel;

b) Em caso de flagrante delito para efetuar a prisão do agente, desastre, ou para prestar socorro;

c) Para cumprir busca domiciliar, durante o dia e precedida de autorização judicial.

8.3. Legitimidade

A legitimidade para a decretação da medida cautelar de busca domiciliar encontra-se prevista no artigo 241, do Código de Processo Penal, nos seguintes termos:

> Art. 241. Quando a própria autoridade policial ou judiciária não a realizar pessoalmente, a busca domiciliar deverá ser precedida da expedição de mandado.

É importante destacar que o artigo acima não está de acordo com a Constituição da República, pois permite que o delegado de polícia realize busca domiciliar sem prévia autorização judicial.

Desse modo, recomenda-se utilizar os artigos gerais acerca da legitimidade investigativa do delegado de polícia, quais sejam o artigo 144, § 1º, incisos I e IV (Polícia Federal) ou § 4º (Polícia Civil), artigo 2º, § 1º da Lei nº 12.830/13 e artigo 4º, do Código de Processo Penal.

8.4. Cabimento

As hipóteses de cabimento da medida cautelar de busca domiciliar encontram-se previstas no artigo 240, § 1º, do Código de Processo Penal, bastando a presença de apenas uma delas para que seja cabível sua decretação.

Por fatores didáticos, vamos dividir as hipóteses de cabimento em tópicos específicos, nos moldes adiante.

> ***Atenção:*** vale salientar que, geralmente, nas provas de concursos públicos, a medida cautelar de busca domiciliar vem cumulada com outra medida cautelar pessoal (prisional).

> ***Atenção:*** quando a questão da prova trouxer o endereço certo do "alvo" (investigado), há um forte indicativo da viabilidade de representação pela busca domiciliar, observado os outros pontos já demonstrados anteriormente.

8.4.1. Para prender criminosos ou apreender objetos materiais ou instrumentos de crime

Dispõe o artigo 240, § 1º, alíneas *a*, *b*, *c* e *d*, do Código de Processo Penal:

> Art. 240. A busca será domiciliar ou pessoal.

§ 1º Proceder-se-á à busca domiciliar, quando fundadas razões a autorizarem, para:

> a) prender criminosos;
>
> b) apreender coisas achadas ou obtidas por meios criminosos;
>
> c) apreender instrumentos de falsificação ou de contrafação e objetos falsificados ou contrafeitos;
>
> d) apreender armas e munições, instrumentos utilizados na prática de crime ou destinados a fim delituoso.

É importante diferenciar o objeto material do crime do instrumento utilizado para o crime. No primeiro caso temos os objetos obtidos por meio criminoso, ou seja, o produto do crime, como por exemplo, o aparelho de telefônico móvel subtraído da vítima que se encontra na posse o autor do crime. No segundo, temos os objetos que foram ou são utilizados para praticar crimes, como por exemplo, uma faca ou uma arma de fogo utilizada num homicídio, que necessita ser submetida a uma perícia.

8.4.2. Para descobrir objetos relevantes para investigação

O artigo 240, § 1º, alínea *e*, do Código de Processo Penal prevê que:

> Art. 240. A busca será domiciliar ou pessoal.
>
> § 1º Proceder-se-á à busca domiciliar, quando fundadas razões a autorizarem, para:
>
> [...]
>
> e) descobrir objetos necessários à prova de infração ou à defesa do réu;

Essa hipótese se relaciona a qualquer objeto ligado à materialidade do crime ou autoria delitiva, como por exemplo, trajes sujos de sangue, fotografias, aparelhos de telefonias móveis ou notebook que contenham informações relevantes.

A mencionada alínea pode ser utilizada pelo delegado de polícia de maneira ampla, sendo adequada para qualquer investigação policial, basta ser vislumbrada a existência de qualquer objeto necessário para a busca da prova.

8.4.3. *Para apreender cartas com conteúdo relevantes para investigação*

O artigo 240, § 1º, alínea *f*, do Código de Processo Penal prevê que:

> Art. 240. A busca será domiciliar ou pessoal.
>
> § 1º Proceder-se-á à busca domiciliar, quando fundadas razões a autorizarem, para:
>
> [...]
>
> f) apreender cartas, abertas ou não, destinadas ao acusado ou em seu poder, quando haja suspeita de que o conhecimento do seu conteúdo possa ser útil à elucidação do fato;

Nessa hipótese é importante destacar que existem divergências doutrinárias acerca da apreensão de cartas fechadas, pois estaria protegida pelo artigo 5º, inciso XII, da Constituição da República, que garante a inviolabilidade do sigilo das correspondências, porém STF já relativizou a referida garantia, quando reconheceu o direito da administração penitenciária, com fundamento em razões de segurança pública, de disciplina prisional ou de preservação da ordem jurídica, interceptar correspondências enviadas por sentenciados, pois a garantia da inviolabilidade não pode constituir instrumento de salvaguarda de práticas ilícitas.[5]

8.4.4. *Para apreender vitimas*

O artigo 240, § 1º, alínea *g*, do Código de Processo Penal prevê que:

> Art. 240. A busca será domiciliar ou pessoal.
>
> § 1º Proceder-se-á à busca domiciliar, quando fundadas razões a autorizarem, para:

5. STF, 1ª Turma, HC 70.814/SP, Rei. Min. Celso de Mello, DJ 24/06/1994.

> [...]
>
> g) apreender pessoas vítimas de crimes;

Essa hipótese é utilizada com o intuito de restituir a liberdade de locomoção de vítimas de crimes em que há violação a liberdade pessoal, como por exemplo, a extorsão mediante sequestro, tipificada ao teor do artigo 159, do Código Penal.

8.4.5. Para colher qualquer elemento probatório relevante para investigação

O artigo 240, § 1º, alínea *h*, do Código de Processo Penal prevê que:

> Art. 240. A busca será domiciliar ou pessoal.
>
> § 1º Proceder-se-á à busca domiciliar, quando fundadas razões a autorizarem, para:
>
> [...]
>
> h) colher qualquer elemento de convicção.

Do mesmo modo que ocorre na alínea *e*, a presente hipótese se relaciona a qualquer elemento que seja importante para investigação, podendo o delegado de polícia utilizar o referido dispositivo de maneira ampla.

8.5. Requisitos Cautelares

8.5.1. Fumus comissi delicti

Esse requisito encontra-se previsto no artigo 240, § 1º, restando satisfeito, quando houver fundadas razões que autorizem a busca. Vejamos:

> Art. 240. A busca será domiciliar ou pessoal.
>
> § 1º Proceder-se-á à busca domiciliar, quando fundadas razões a autorizarem, para:

8.5.2. *Periculum in mora*

Deve ser demonstrado na representação, que a mora da não decretação da medida de busca domiciliar, propiciará grande prejuízo às investigações no que se refere a não apreensão de algum objeto fundamental para seu êxito, como por exemplo, a apreensão da arma de fogo utilizada em um crime de homicídio, visando realizar uma perícia de confrontação balística.

8.6. Modelo básico da peça

EXCELENTÍSSIMO SENHOR JUIZ DE DIREITO DA ___ VARA CRIMINAL DA COMARCA DE __________.

Inquérito Policial nº ____/____.

O delegado de polícia infrassignatário, representando a Polícia _________, no uso de suas atribuições constitucionais e legais, conferidas pelos artigos _________, vem a Vossa Excelência, representar pela expedição de mandado de busca domiciliar no imóvel situado __________ (especificar o endereço do imóvel), pelas razões fáticas e jurídicas a seguir expostas:

I – DOS FATOS

Qual foi o crime que ocorreu? Quando ocorreu? Local em que ocorreu? Quem são os envolvidos (vítima, suspeitos, testemunhas)? Qual a motivação? Outras informações relevantes.

II – DOS FUNDAMENTOS JURÍDICOS

a) prática delituosa – demonstrar o crime praticado.

b) cabimento – demonstrar a exigência legal acerca do objeto da busca, prevista no artigo 240, § 1º e sua alíneas, do Código de Processo Penal.

c) requisitos cautelares – demonstrar a presença dos requisitos do "fumus comissi delicti" (fundadas razões) e o "periculum in mora" (a necessidade da medida e o prejuízo para as investigações em virtude da mora na sua não decretação).

III – DOS PEDIDOS

Diante do exposto, com base nos fundamentos jurídicos acima declinados, represento pela expedição de mandado de busca domiciliar no imóvel situado _________ (mencionar o endereço), visando apreender _________ (mencionar o objeto da busca).

Nestes termos, pede e espera deferimento.

Cidade, ___ de _________ de ______.

Delegado de Polícia

8.7. Caso proposto – concurso para delegado de polícia da Bahia de 2013

Em 17/9/2012 (segunda-feira), por volta de 0 h 50 min, Douglas Aparecido da Silva foi alvejado por três disparos de arma de fogo quando se encontrava em frente à casa de sua namorada, Fernanda Maria Souza, na rua Serafim, casa 12, no bairro Boa Prudência, em Salvador – BA. A ação teria sido intentada por quatro indivíduos que, em um veículo sedã de cor prata, placa ABS 2222/BA, abordaram o casal e cobraram, mediante a ameaça de armas de fogo portadas por dois deles, determinada dívida de Douglas, proveniente de certa quantidade de crack que este teria adquirido dias antes, sem efetuar o devido pagamento. Foi instaurado o competente inquérito policial, tombado, no 21.º Distrito Policial, sob o n.º 0021/2012, para apurar a autoria e as circunstâncias da morte de Douglas[1], constando no expediente que, na noite de 16/9/2012, por volta das 21 h, a vítima se encontrou com a namorada, Fernanda, e, após passarem em determinada festa de amigos, seguiram para a casa de Fernanda, no bairro Boa Prudência, onde Douglas a deixaria; o casal estava em um veículo utilitário de cor branca, placa JEL 9601/BA, de propriedade da vítima; na madrugada do dia seguinte, por volta de 0 h 40 min, quando já estavam parados em frente à casa de Fernanda, apareceu na rua um veículo sedã de cor prata, em que se encontravam quatro rapazes, que cobraram Douglas pelo "bagulho" e ameaçaram o casal com armas nas mãos, quando um dos rapazes deu dois tiros para o alto, momento em que Douglas e Fernanda se deitaram no chão. Em ato contínuo, um dos rapazes desceu do carro, chutou a cabeça de Douglas e, em seguida, desferiu três disparos em sua direção, atingindo-lhe fatalmente a cabeça e o tórax. Douglas faleceu ainda no local e os autores se evadiram logo após a conduta[2], lá deixando Fernanda a gritar por socorro. Nos autos do inquérito, consta que foram ouvidos dois vizinhos de Fernanda que se encontravam, na ocasião dos fatos, na janela do prédio vizinho e narraram, em auto próprio, a conduta do grupo, indicando a placa do veículo sedã de cor prata (ABS 2222/BA) e a descrição física dos quatro indivíduos. Na ocasião, foram apresentadas fotografias de possíveis suspeitos às duas testemunhas, que reconheceram formalmente, conforme auto de reconhecimento fotográfico, dois dos rapazes envolvidos nos fatos: Ricardo Madeira e Cristiano Madeira.

Fernanda foi ouvida em termo de declarações e alegou conhecer dois dos autores, em específico os que empunhavam armas: Cristiano Madeira, vulgo Pinga, que portava um revólver e teria desferido dois tiros para o alto; e o irmão de Cristiano, Ricardo Madeira, vulgo Caveira, que, portando uma pistola niquelada, desferira os três tiros que atingiram a vítima[3]. Fernanda afirmou desconhecer os outros dois elementos e esclareceu que poderia reconhecê-los formalmente[4], se fosse necessário. Ao final, noticiou que se sentia ameaçada[5], relatando que, logo após o crime, em frente à sua residência, um rapaz descera de uma moto e, com o rosto coberto pelo capacete, fizera menção que a machucaria caso relatasse à polícia o que sabia. Em complementação à apuração da autoria, buscou-se identificar, embora sem êxito, os outros dois indivíduos que acompanhavam Ricardo e Cristiano na ocasião dos fatos. Juntaram-se aos autos o laudo de exame de local de morte violenta, que evidencia terem sido recolhidos do asfalto dois projéteis de calibre 38, e o laudo de perícia papiloscópica, realizada em lata de cerveja encontrada nas proximidades do local, na qual foram constatados fragmentos digitais de uma palmar. Lançadas as digitais em banco de dados, confirmou-se pertencerem a Ricardo Madeira.

Também se juntou ao feito o laudo cadavérico da vítima, no qual se constata a retirada de três projéteis de calibre 380 do cadáver: um alojado no tórax e dois, no crânio. Durante as diligências, apurou-se que o veículo sedã de cor prata, placa ABS 2222/BA, estava registrado em nome da genitora dos irmãos Cristiano Madeira e Ricardo Madeira, Maria Aparecida Madeira, residente na rua Querubim, casa 32, no bairro Boa Prudência, em Salvador – BA, onde morava na companhia dos filhos[6]. Nos registros criminais de Cristiano, constam várias passagens por roubo e tráfico de drogas. No formulário de antecedentes criminais de Ricardo Madeira, também anexado aos autos, consta a prática de inúmeros delitos, entre os quais dois homicídios.[7] Procurados pela polícia para esclarecerem os fatos, Cristiano e Ricardo não foram localizados, tampouco seus familiares forneceram quaisquer notícias de seus paradeiros, embora houvesse informações de que eles estariam na residência de seu tio, Roberval Madeira, situada na rua Bom Tempero, s/n, no bairro Nova Esperança, em Salvador – BA[8]. Ambos foram indiciados nos autos como incursos nas sanções previstas no artigo 121, § 2.º, II e IV, do CP.

O inquérito policial tramitou pela delegacia, em diligências, durante vinte e cinco dias, encontrando-se conclusos para a autoridade policial que preside o feito, restando a complementação de inúmeras diligências[9] visando identificar os outros dois autores e evidenciar, através de novas provas, a conduta dos indiciados[10]. Em face do relato acima apresentado, proceda, na condição de delegado de polícia que preside o feito, à remessa dos autos ao Poder Judiciário, representando pela(s) medida(s) pertinente(s) ao caso. Fundamente suas explanações e não crie fatos novos.

Considerações sobre o caso proposto

1 Neste momento já é possível responder a primeira pergunta essencial para a correta identificação da peça prático-profissional, ou seja, que o crime investigado trata-se de um homicídio consumado, qualificado pelo motivo fútil, pois teve como motivação a cobrança de dívida de drogas adquirida pela vítima, bem como pela utilização de recurso que impossibilitou a defesa da vítima (artigo 121, § 2º, incisos II e IV, do Código Penal). Importante sabermos ainda que o homicídio qualificado se encontra previsto no rol dos crimes hediondos, dado importante no momento da elaboração da peça. Neste caso a banca forneceu a tipificação legal.

Destaca-se que existe entendimento no sentido de que o crime cometido em razão de dívida de drogas configura o motivo torpe previsto no inciso I, do § 2º, do artigo 121, do Código Penal, mas como a banca já forneceu aos candidatos a tipificação legal como motivo fútil, esta é a que deve ser seguida.

2 Demonstração da necessidade da medida cautelar pessoal para garantir a aplicação da lei penal, vez que os autores se evadiram logo após o cometimento do crime.

3 Configuração dos indícios de autoria em relação a Cristiano Madeira e Ricardo Madeira, que foram reconhecidos pelas testemunhas visuais do crime.

4 Demonstração da necessidade da medida cautelar pessoal para tentar identificar os outros dois autores, os quais podem ser reconhecidos pela testemunha.

5 Demonstração da necessidade da medida cautelar pessoal para resguardar a vida da testemunha que está sendo ameaçada e, em consequência, para assegurar a investigação.

6 Demonstração da possibilidade de utilização de medida cautelar probatória com intuito de apreensão de objetos utilizados no crime, como as armas e o veículo.

7 Demonstração da periculosidade dos agentes, reforçando a necessidade da medida cautelar pessoal.

8 Demonstração da possibilidade de utilização de medida cautelar probatória com intuito de apreensão de objetos utilizados no crime, como as armas e o veículo, bem como os criminosos.

9 Neste momento é possível responder a segunda pergunta essencial para a correta identificação da peça prático-profissional, ou seja, a fase em que a investigação se encontra, que no caso, não é de conclusão, pois a banca deixou explícito que ainda faltam inúmeras diligências a serem realizadas. Informação relevante para que o candidato exclua a possibilidade da elaboração de um relatório conclusivo cumulado com medida cautelar, bem como para que eleja a medida cautelar mais adequada ao caso.

10 Neste momento é possível responder a terceira pergunta essencial para a correta identificação da peça prático-profissional, ou seja, o que o delegado de polícia busca para o êxito das investigações, que no caso em tela, é a identificação dos outros dois autores, a preservação da vida da testemunha que está sendo ameaçada e consequentemente a preservação das investigações, bem como assegurar a aplicação da lei penal em relação aos indiciados (já reconhecidos formalmente), que fugiram após o cometimento do crime e não foram localizados. Ainda, o delegado de polícia visa conseguir novas provas no intuito de evidenciar a conduta dos indiciados.

8.8. Resolução do caso proposto – Representação pela prisão temporária dos indiciados[1] e representação pela busca e apreensão nos endereços dos familiares dos indiciados[2]

EXCELENTÍSSIMO SENHOR JUIZ DE DIREITO DA VARA DO TRIBUNAL DO JURI[3] DA COMARCA DE SALVADOR – BAHIA.

Inquérito policial nº 021/2012 – 21º Distrito Policial.

O delegado de polícia infrassignatário, representando a Polícia Civil da Bahia, no uso de suas atribuições constitucionais e legais, conferidas pelos artigo 144, § 4º, da Constituição da República, artigo 2º, § 1º, da Lei nº 12.830/13, artigo 4º, "caput", do Código de Processo Penal[4] e artigo 2º da

Lei nº 7.960/89[5], vem a Vossa Excelência, representar pela decretação da prisão temporária em face dos indiciados Cristiano Madeira e Ricardo Madeira, qualificados nos autos do inquérito policial em epígrafe, bem como representar pela decretação da busca e apreensão nos endereços abaixo especificados, pelas razões fáticas e jurídicas a seguir expostas:

I – DOS FATOS

O inquérito policial referido acima foi instaurado para apurar o crime de homicídio, ocorrido às 00 h 50 min, do dia 17/09/2012, na rua Serafim, casa 12, no bairro Boa Prudência, em Salvador – BA, que teve como vítima a pessoa de Douglas Aparecido da Silva, o qual foi alvejado por três disparos de arma de fogo quando se encontrava em frente à casa de sua namorada, Fernanda Maria Souza.

Apurou-se, durante as investigações já realizadas, no momento do crime, a vítima Douglas e sua namorada Fernanda estavam em frente à casa desta, quando chegaram quatro rapazes em um veículo sedã de cor prata, cobrando Douglas pelo "bagulho" e ameaçaram o casal com armas nas mãos, ocasião em que um dos rapazes deu dois tiros para o alto, tendo Douglas e Fernanda deitado no chão. Em ato contínuo, um dos rapazes desceu do carro, chutou a cabeça de Douglas e, em seguida, desferiu três disparos em sua direção, atingindo-lhe fatalmente a cabeça e o tórax. Douglas faleceu ainda no local e os autores se evadiram logo após a conduta.

Nos autos do inquérito, consta que foram ouvidos dois vizinhos de Fernanda que presenciaram os fatos, tendo eles narrado a conduta do grupo e indicado a placa do veículo sedã de cor prata (ABS 2222/BA), bem como a descrição física dos quatro indivíduos. Tais testemunhas reconheceram formalmente dois dos rapazes envolvidos nos fatos: Ricardo Madeira e Cristiano Madeira.

Fernanda foi ouvida em termo de declarações e alegou conhecer dois dos autores, em específico os que empunhavam armas: Cristiano Madeira, vulgo Pinga, o qual portava um revólver e teria desferido dois tiros para o alto; e o irmão de Cristiano, Ricardo Madeira, vulgo Caveira, que, portando uma pistola niquelada, desferira os três tiros que atingiram a vítima. Fernanda também afirmou desconhecer os outros dois elementos e esclareceu que poderia reconhecê-los formalmente, se fosse necessário. Ao final, noticiou que se sentia ameaçada, pois logo após o crime, em frente à sua residência, um rapaz descera de uma moto e, com o rosto coberto pelo capacete, fizera menção que a machucaria caso relatasse à polícia o que sabia.

A materialidade do crime restou comprovada por meio do laudo cadavérico da vítima juntado aos autos do inquérito policial. Também constam nos autos, o laudo de exame de local de morte violenta e o laudo de perícia papiloscópica, realizada em uma lata de cerveja encontrada nas proximidades do local, na qual foram constatados fragmentos digitais de Ricardo Madeira.

Ainda, durante as diligências, apurou-se que o veículo sedã de cor prata, placa ABS 2222/BA, estava registrado em nome da genitora dos irmãos Cristiano Madeira e Ricardo Madeira, Maria Aparecida Madeira, residente na rua Querubim, casa 32, no bairro Boa Prudência, em Salvador – BA, onde morava na companhia dos filhos. Nos registros criminais de Cristiano, constam várias passagens por roubo e tráfico de drogas. No formulário de antecedentes criminais de Ricardo Madeira, também anexado aos autos, consta a prática de inúmeros delitos, entre os quais dois homicídios. Procurados pela polícia para esclarecerem os fatos, Cristiano e Ricardo não foram localizados, tampouco seus familiares forneceram quaisquer notícias de seus paradeiros, embora houvesse informações de que eles estariam na residência de seu tio, Roberval Madeira, situada na rua Bom Tempero, s/n, no bairro Nova Esperança, em Salvador – BA.

Conforme exposto, fundadas razões de autoria recaem sobre Cristiano e Ricardo, os quais foram indiciados nos autos como incursos nas sanções previstas no artigo 121, § 2.º, II e IV, do CP[6].

O inquérito policial tramitou pela delegacia, em diligências, durante vinte e cinco dias, mas encontra-se pendente da complementação de inúmeras diligências visando identificar os outros dois autores e evidenciar, através de novas provas, a conduta dos indiciados. [7]

II – DOS FUNDAMENTOS JURÍDICOS

Considerando os fatos acima narrados, observa-se que é plenamente cabível a decretação da prisão temporária dos indiciados, visto que restou materializada a ocorrência do delito de homicídio qualificado, tipificado ao teor do artigo 121, § 2.º, incisos II e IV, do Código Penal, crime este elencado no rol autorizador taxativo do artigo 1º, inciso III, alínea "a", da Lei 7.960/89.

A isso, somam-se os requisitos do "fumus comissi delicti"[8], afinal, faz-se necessário que existam fundadas razões da autoria por parte dos indiciados no crime investigado, o que encontra-se plenamente demonstrado nos autos; e do "periculum libertatis", que está demonstrado no risco de vida sofrido pela testemunha presencial do crime Fernanda, a qual foi ameaçada, bem como no risco efetivo de frustração da aquisição de provas causado pelos indiciados. Importante mencionar ainda, a habitualidade delitiva dos indiciados, e o fato de não terem sido localizados durante as investigações.

Assim, vislumbra-se imprescindível para a conclusão da investigação criminal, para identificação dos outros dois envolvidos no crime e para garantia da segurança das testemunhas, a decretação da prisão temporária dos indiciados, que encontra fundamentação jurídica na aplicação do artigo 1º, incisos I e III, alínea "a", da Lei nº 7.960/89. [9]

Indispensável mencionar também, que em razão do presente caso referir-se ao crime de homicídio qualificado, previsto como hediondo no artigo 1º, inciso I, da Lei nº 8.072/90, acarreta a aplicação do artigo 2º, § 4º, da mesma Lei, ou seja, a prisão temporária tem o prazo de 30 dias, podendo ser prorrogada por igual período em caso de extrema e comprovada necessidade.[10]

Ainda, encontram-se presentes no caso ora investigado, os requisitos da medida cautelar de busca e apreensão, tipificada no artigo 240, § 1º, do Código de Processo Penal, pois durante as diligências, apurou-se que o veículo sedã de cor prata, placa ABS 2222/BA, utilizado durante o cometimento do crime pelos indiciados, encontra-se registrado em nome de Maria Aparecida Madeira, genitora dos indiciados, residentes na rua Querubim, casa 32, no bairro Boa Prudência, em Salvador – BA.

Porém, os indiciados Cristiano e Ricardo não foram localizados no mencionado endereço e seus familiares não forneceram quaisquer notícias de seus paradeiros, apesar de existir informações de que eles estariam na residência de seu tio, Roberval Madeira, situada na Rua Bom Tempero, s/n, no bairro Nova Esperança, em Salvador – BA.

Deste modo, encontra-se presente o requisito do "fumus comissi delicti", pois há indicação dos locais exatos onde provavelmente podem ser encontrados o veículo e as armas de fogo utilizadas durante o cometimento do crime pelos indiciados, conforme endereços supracitados.

Uma vez que, nem os indiciados nem os mencionados objetos foram localizados por meio das diligências ordinárias, faz-se imprescindível para a continuidade das investigações a decretação da medida cautelar de busca e apreensão com a máxima brevidade possível, de forma a evitar que os indiciados se desfaçam de tais objetos, restando configurado assim o "periculum in mora".

Importante ainda, deixar clara a inexistência de garantia constitucional absoluta, portanto, embora constitucionalmente protegidas a intimidade e a privacidade das pessoas, conforme artigo 5º, inciso X, da Constituição da República, este direito, no presente caso, deve ser relativizado por estar em rota de colisão com outras garantias constitucionais e por sua menor relevância diante do interesse público da investigação criminal.

III – DOS PEDIDOS

Diante do exposto, presentes os requisitos legais autorizadores da medida, com amparo nos artigos 1º, incisos I, e III, alínea "a" e 2º, "caput", ambos da Lei nº 7.960/89 c/c artigo 2º, § 4º, da Lei nº 8.072/90, represento pela decretação da prisão temporária dos indiciados CRISTIANO MADEIRA, vulgo "Pinga" e RICARDO MADEIRA, vulgo "Caveira", pelo prazo de 30 dias[11], após ouvido o Ministério Público[12].

Ainda, como medida cautelar necessária à prisão dos criminosos e apreensão das armas e do veículo utilizados durante o cometimento do crime, bem como de outros objetos ilícitos ou utilizados na prática de crimes pelos indiciados, e com fundamento no artigo 240, § 1º, alíneas "a", "b", "d" e "h", do Código de Processo Penal, represento pela expedição de mandado de busca domiciliar, nos seguintes locais:

1) rua Bom Tempero, s/n, bairro Nova Esperança, Salvador (endereço de Roberval Madeira, tio dos indiciados);

2) rua Querubim, casa 32, bairro Boa Prudência, Salvador – BA (endereço dos indiciados e de sua genitora Maria Aparecida Madeira).

Nestes termos, pede e espera deferimento.

Salvador, de de 2012. [13]

Delegado de Polícia[14]

Considerações sobre a resolução do caso proposto

1 Apesar de o presente caso apresentar tanto os requisitos para representação pela prisão preventiva como pela prisão temporária dos indiciados, as bancas consideram como correto a representação pela prisão temporária quando estão presentes seus requisitos e as investigações ainda estão em andamento, ou seja, quando não estiver em fase de conclusão, elegendo esta medida como a mais adequada para preservar as investigações.

2 Medida cautelar probatória que visa em especial a apreensão dos objetos utilizados na prática do crime.

3 Por tratar-se do crime de homicídio.

4 Artigos que demonstram a competência do delegado de polícia para a condução das investigações criminais objetivando a apuração das infrações penais e sua consequente legitimidade para representar em Juízo.

5 Artigo específico que legitima o delegado de polícia a representar pela prisão temporária.

6 Utilizar abreviações apenas se o problema já fornecer desta forma.

7 Colocar os elementos fáticos essenciais para representação da medida cautelar, narrando sucinta e fielmente os dados fornecidos pela questão, ou seja, sem inventar qualquer informação, para não caracterizar identificação de prova. Lembrar das questões básicas a serem respondidas na narrativa do texto (Qual foi o crime que ocorreu? Quando ocorreu? Local em que ocorreu? Quem são os envolvidos (vítima, suspeitos, testemunhas)? Qual a motivação?), desde que tais informações tenham sido fornecidas.

8 No computador as expressões em latim estariam em itálico (ou outra forma oficial de destaque), mas na prova, deve ser colocado entre aspas. Não grifar ou ressaltar de nenhum outro modo para não configurar identificação de prova.

9 Importante colocar a fundamentação específica ao caso tratado.

10 O candidato deve deixar claro o prazo da prisão temporária, fundamentando quando o crime apurado estiver elencado no rol dos crimes hediondos. A menção do prazo de 30 dias foi item de pontuação no espelho da prova.

11 Item que deve estar presente na representação desta medida cautelar, demonstrando o conhecimento legal do candidato, em especial porque o crime investigado encontra-se presente no rol dos crimes hediondos, o que faz com que o prazo da medida seja modificado.

12 O candidato deve demonstrar ao examinador que tem conhecimento desta exigência legal no caso de prisão temporária (artigo 2º, § 1º, da Lei nº 7.960/89).

13 Só colocar os dados fornecidos pela questão, não inventar, neste caso só era possível saber a cidade e o ano.

[14] Não assinar a peça. Utilizar o cargo no masculino, mesmo que seja uma candidata do sexo feminino, exceto se a questão mencionar que a investigação está sendo presidida por uma delegada de polícia, situação em que se deve utilizar o cargo no feminino, mesmo que seja um candidato do sexo masculino.

III

MEDIDAS CAUTELARES DE NATUREZA ASSECURATÓRIA

1. REPRESENTAÇÃO PELO SEQUESTRO DE BENS

1.1. Conceito e natureza jurídica

É uma medida cautelar de natureza assecuratória (patrimonial/real) que recai sobre bens móveis ou imóveis adquiridos com os proventos do crime, tendo o objetivo de resguardar o interesse privado da vítima em relação a uma futura reparação civil ou o interesse público em relação a ulterior perdimento de bens como efeito da condenação.

1.2. Finalidade

a) Resguardar o interesse da vítima em relação a uma futura reparação civil decorrente da prática do crime;
b) Resguardar o interesse do Estado em relação a um futuro perdimento dos bens oriundos do crime, como efeito da condenação.

1.3. Objeto

O sequestro pode ser efetivado em face de bens móveis adquiridos com os proventos do crime ou bens imóveis, também adquiridos com os proventos decorrente da prática de um crime.

Nessa linha de raciocínio o sequestro deve recair, exclusivamente, sobre os bens móveis ou imóveis produtos indiretos do crime (proventos), pois se forem produtos diretos, a medida adequada será a busca domiciliar.

Podemos citar, como exemplo, o caso de um agente que, com os proventos da venda de um automóvel, produto direto do crime, adquire uma valiosa coleção de whiskys importados. Nesse sentido será cabível o sequestro dos whiskys adquiridos, pois são proventos do crime outrora praticado.

1.4. Legitimidade

O artigo 127, do Código de Processo Penal, trouxe a figura da autoridade policial, se referindo ao delegado de polícia, como agente público legítimo para representar pela medida cautelar de sequestro de bens.

Vejamos:

> Art. 127. O juiz, de ofício, a requerimento do Ministério Público ou do ofendido, ou mediante representação da autoridade policial, poderá ordenar o sequestro (sic), em qualquer fase do processo ou ainda antes de oferecida a denúncia ou queixa.

1.5. Cabimento

Nos termos dos artigos 125 e 132, ambos do Código de Processo Penal, a medida cautelar de sequestro de bens será cabível nas seguintes circunstâncias:

> Art.125. Caberá o seqüestro (sic) dos bens imóveis, adquiridos pelo indiciado com os proventos da infração, ainda que já tenham sido transferidos a terceiro.
>
> Art. 132. Proceder-se-á ao seqüestro (sic) dos bens móveis se, verificadas as condições previstas no artigo 126, não for cabível a medida regulada no Capítulo XI do Título VII deste Livro.

É importante expor também o artigo 91, inciso II, alínea *b*, do Código Penal, como fundamento do cabimento da medida cautelar de sequestro de bens, pois o referido artigo trata sobre a perda, em favor da União, do proveito auferido pela prática do crime, como um efeito genérico da condenação. Vejamos:

> Art. 91. São efeitos da condenação:
>
> [...]
>
> II-a perda em favor da União, ressalvado o direito do lesado ou de terceiro de boa-fé:
>
> b) do produto do crime ou de qualquer bem ou valor que constitua proveito auferido pelo agente com a prática do fato.

1.6. Requisitos cautelares

1.6.1. Fumus comissi delicti

O artigo 126, do Código de Processo Penal, prevê que, para a decretação da medida cautelar de sequestro de bens, deverá existir indícios veementes de que o produto a ser sequestrado foi auferido pela prática criminosa, devendo ser observado no caso concreto a incompatibilidade do patrimônio ostentado pelo agente e a sua renda financeira.

Vejamos os termos do artigo referido:

> Art. 126. Para a decretação do seqüestro (sic), bastará a existência de indícios veementes da proveniência ilícita dos bens.

1.6.2. Periculum in mora

Esse requisito não se encontra positivado, porém deve ser demonstrado que a mora da não decretação da medida de sequestro acarretará a dilapidação dos bens, a sua venda, negociação, repasse, etc.

Deve ficar claro que se a medida não for deferida cautelarmente, não será possível ressarcir o prejuízo causado pelo agente à vítima, ao erário, ou a terceiros que tenham sido prejudicados pela prática do crime investigado.

1.7. Modelo básico da peça

EXCELENTÍSSIMO SENHOR JUIZ DE DIREITO DA ___ VARA CRIMINAL DA COMARCA DE __________.

Inquérito Policial nº ____/____.

O delegado de polícia infrassignatário, representando a Polícia __________, no uso de suas atribuições constitucionais e legais, conferidas pelos artigos __________, vem a Vossa Excelência, representar pelo sequestro dos bens referenciados no pedido, pelas razões fáticas e jurídicas a seguir expostas:

I – DOS FATOS

Qual foi o crime que ocorreu? Quando ocorreu? Local em que ocorreu? Quem são os envolvidos (vítima, suspeitos, testemunhas)? Qual a motivação? Outras informações relevantes.

II – DOS FUNDAMENTOS JURÍDICOS

a) prática delituosa – demonstrar o crime praticado.

b) cabimento – a exigência legal acerca do objeto do sequestro que deve ser oriundo de proveito da atividade criminosa e, nos termos do artigo 125 ou do artigo 132, poderá recair sobre bens móveis ou imóveis, respectivamente.

c) requisitos cautelares – demonstrar a presença dos requisitos legais das medidas cautelares que é o "fumus comissi delicti", previsto no artigo 126, do Código de Processo Penal, e o "periculum in mora".

III – DOS PEDIDOS

Diante do exposto, com base nos fundamentos fáticos e jurídicos acima expendidos, represento pelo sequestro dos bens _________ (mencionar qual bem), visando garantir ressarcimento dos referidos, auferidos pelo agente com a prática do fato criminoso.

Requer ainda, que seja oficiado o competente registro imobiliário para fins de averbação da referida medida pela qual se representa, a fim de tornar pública a restrição judicial, evitando a disposição do bem. (em caso de bem imóvel)

Requer ainda, que seja oficiado o competente órgão executivo de trânsito (DETRAN) para fins de averbação da referida medida pela qual se representa, a fim de tornar pública a restrição judicial, evitando a disposição do bem. (em caso de veículo)

Nestes termos, pede e espera deferimento.

Cidade, ___ de _________ de ______.

Delegado de Polícia

1.8. Caso proposto – concurso para delegado de polícia do Tocantins de 2014 – adaptado

João Gabriel, primário e de bons antecedentes, responde, em liberdade, a inquérito policial[1], na cidade de Palmas – TO, por suposta prática do crime de estelionato, (artigo 171, do Código Penal)[2], contra a vítima Izabel Cristina, pelo fato de ter falsificado uma escritura pública de um imóvel que não existia (artigo 297, do Código Penal), e aproveitando da boa-fé da vítima que o comprou no valor de R$ 400.000,00 (quatrocentos mil reais), tendo recebido o montante à vista. No inquérito, além da vítima, já foram inquiridas algumas testemunhas, onde duas delas afirmaram ter conhecimento que João Gabriel costuma aplicar golpes[3] e para não ser punido costuma ameaçar as vítimas. As investigações encontram-se em curso ainda, restando inquirir outras pessoas, bem como realizar outras diligências imprescindíveis[4], porém, chegou ao conhecimento da autoridade policial que João Gabriel utilizou o dinheiro do crime, comprando um carro zero quilômetro no valor de R$ 120.000,00 (cento e vinte mil reais), de marca BMW, modelo 320i, de cor branca, e com o restante comprou um flat em uma cidade litorânea[5].

Também chegou ao conhecimento do delegado, que João Gabriel estaria rondando o bairro onde moram a vítima e algumas testemunhas, em atitude claramente ameaçadora[6], visando não ser punido pelo fato. Na condição de delegado de polícia responsável pelo caso, represente à autoridade competente acerca das medidas cautelares cabíveis nesse momento da investigação[7], com a correta tipificação do(s) crime(s). [8]

Considerações sobre o caso proposto

1 Configuração dos indícios de autoria em relação a João Gabriel.

2 Neste momento já é possível responder a primeira pergunta essencial para a correta identificação da peça prático-profissional, ou seja, que o crime investigado se trata de um estelionato (artigo 171, do Código Penal), tendo a banca fornecido a tipificação legal. Importante lembrar que o estelionato não está previsto no rol dos crimes autorizadores da prisão temporária nem no rol dos crimes hediondos, afastando o cabimento da medida mencionada.

3 Demonstração de que o agente é contumaz na prática de crime.

4 Neste momento é possível responder a segunda pergunta essencial para a correta identificação da peça prático-profissional, ou seja, a fase em que a investigação se encontra, que no caso, não é de conclusão, pois a banca deixou clara a necessidade de realização de diligências imprescindíveis. Informação relevante para que o candidato exclua a possibilidade da elaboração de um relatório conclusivo cumulado com medidas cautelares.

5 Demonstração da possibilidade de utilização de medida cautelar assecuratória para apreender os objetos (carro de luxo e flat) adquiridos pelo autor com os proventos da infração, visando atenuar o prejuízo da vítima e desfazer a vantagem econômica

obtida com o cometimento do crime. Encontra-se afastada a possibilidade de representação pela medida cautelar da busca e apreensão, vez que os objetos que podem ser apreendidos não foram obtidos no cometimento do crime (que no caso foi a quantia de R$ 400.000,00), mas com os proventos da infração, como deixa clara a questão apresentada.

6 Demonstração da necessidade de medida cautelar pessoal para resguardar a vida da vítima e das testemunhas, que estão sendo ameaçadas e em consequência para assegurar a investigação.

7 Neste momento é possível responder a terceira pergunta essencial para a correta identificação da peça prático-profissional, ou seja, o que o delegado de polícia busca para o êxito das investigações, que no caso em tela, é a preservação da vida da vítima e das testemunhas que estão sendo ameaçadas e consequentemente a preservação das investigações. Ainda, o delegado de polícia visa, como já mencionado, atenuar o prejuízo da vítima e o benefício do responsável pelo crime.

8 Importante mencionar que a prova foi adaptada, pois o concurso do Tocantins não trazia aos candidatos as informações que possibilitavam a representação pela medida do sequestro de bens.

1.9. Resolução do caso proposto – Representação pela prisão preventiva do investigado[1] e representação pelo sequestro dos bens adquiridos pelo investigado com os proventos do crime

EXCELENTÍSSIMO SENHOR JUIZ DE DIREITO DA VARA CRIMINAL[2] DA COMARCA DE PALMAS – TOCANTIS.

Inquérito policial nº . [3]

O delegado de polícia infrassignatário, representando a Polícia Civil de Tocantins, no uso de suas atribuições constitucionais e legais, conferidas pelos artigo 144, § 4º, da Constituição da República, artigo 2º, § 1º, da Lei nº 12.830/13 e artigos 4º, "caput"[4], 13, inciso IV, 282, § 2º, 311 e 127[5], todos do Código de Processo Penal, vem a Vossa Excelência, representar pela decretação da prisão preventiva em face do investigado João Gabriel, qualificado nos autos do inquérito policial em epígrafe, bem como pelo sequestro dos bens adquiridos pelo investigado com os proventos do crime, pelas razões fáticas e jurídicas a seguir expostas:

I – DOS FATOS

O inquérito policial referido acima foi instaurado para apurar o crime de estelionato, tipificado ao teor do artigo 171, do Código Penal, praticado na cidade de Palmas – TO pela pessoa de João Gabriel contra a vítima Izabel Cristina.[6]

Segundo as diligências constantes nos autos do inquérito policial, constatou-se que João Gabriel falsificou a escritura pública de um imóvel que não existia, tendo aproveitado da boa-fé da vítima Izabel Cristina, a qual adquiriu o mencionado imóvel pelo valor de R$ 400.000,00 (quatrocentos mil reais), valor este que foi pago à vista para João Gabriel.

No inquérito, além da vítima, já foram inquiridas algumas testemunhas, sendo que duas delas afirmaram ter conhecimento que João Gabriel costuma aplicar golpes e para não ser punido ameaça suas vítimas.

As investigações ainda encontram-se em curso, restando inquirir outras pessoas, bem como realizar diligências imprescindíveis, porém, chegou ao conhecimento da autoridade policial subscritora, que João Gabriel utilizou uma parte do dinheiro do crime para comprar um carro zero quilômetro no valor de R$ 120.000,00 (cento e vinte mil reais), de marca BMW, modelo 320i, de cor branca, e com o restante do montante comprou um flat em uma cidade litorânea.

Também chegou ao conhecimento deste Delegado de Polícia, que João Gabriel estaria rondando o bairro onde moram a vítima e algumas testemunhas, em atitude claramente ameaçadora, visando não ser punido pelo fato.[7]

II – DOS FUNDAMENTOS JURÍDICOS

Considerando os fatos acima narrados, observa-se que é plenamente cabível a decretação da prisão preventiva do investigado[8], visto que restou materializada a ocorrência do delito de estelionato, na sua forma consumada, uma vez que João Gabriel obteve indevida vantagem, utilizando-se de meio fraudulento, ensejando a tipificação do artigo 171, do Código Penal, crime este, que possui pena máxima cominada em abstrato superior a quatro anos, nos termos do artigo 313, inciso I, do Código de Processo Penal.

A irrefutável necessidade pode ser aferida ante a presença coexistente dos pressupostos prova da existência do crime e indícios suficientes de autoria, restando evidente o "fumus comissi delicti"[9], aliados à condição para assegurar a garantia da ordem pública, a conveniência da instrução criminal e a aplicação da lei penal, exigências do artigo 312, do Código de Processo Penal, já que no presente caso restou demonstrado que o investigado possui como prática comum ameaçar suas vítimas, com o objetivo de não ser punido, tendo inclusive realizado rondas no bairro onde moram a vítima e algumas testemunhas, em atitude claramente ameaçadora, restando demonstrado o fator de risco que justifica a efetividade da medida, ou seja, o "periculum libertatis".

Vale destacar que não é cabível a prisão temporária no presente caso, pelo fato do crime não se encontrar inserido nem no rol da Lei nº 7960/89, tampouco no rol da Lei nº 8.072/90. [10]

Também se observa, pelos fundamentos trazidos, a insuficiência de outras medidas cautelares diversas de prisão ao presente caso, vez que não produziriam os efeitos desejados e necessários para as investigações, em conformidade com o artigo 282, § 6º, do Código de Processo Penal. [11]

Ainda, importante reafirmar que em virtude do proveito do crime, o investigado adquiriu um imóvel e um veículo, ensejando a possibilidade da representação pelo sequestro de tais bens, nos termos dos artigos 125, 126 e 132, do Código de Processo Penal, vez que presentes os requisitos cautelares do "fumus comissi delicti", ou seja, existência de fortes indícios da proveniência ilícita dos bens, bem como do "periculum in mora", pois os bens podem ser negociados, o que poderá frustrar um dos efeitos da condenação, previsto no artigo 91, do Código Penal.

III – DOS PEDIDOS

Diante do exposto, presentes os requisitos legais autorizadores das medidas, com amparo nos artigos 312, 313, inciso I, 125, 126 e 132, todos do Código de Processo Penal[12], represento pela decretação da prisão preventiva do investigado João Gabriel, bem como pelo sequestro dos bens adquiridos por ele com os proventos do crime, expedindo-se os respectivos mandados.

Requeiro ainda, que seja oficiado o competente cartório de registro de imóveis e o órgão executivo de trânsito – DETRAN, para fins de averbação da supracitada medida representada, a fim de tornar pública a restrição judicial, evitando a disposição dos bens. [13]

Nestes termos, pede e espera deferimento.

Palmas, de de . [14]

Delegado de Polícia[15]

Considerações sobre a resolução do caso proposto

1 O caso ora apresentado não admite a representação da prisão temporária do investigado, conforme já visto. Assim, a medida cautelar pessoal cabível é a representação pela prisão preventiva, uma vez que presentes seus requisitos legais. Não confundir o fato de a investigação não estar próxima de sua conclusão, pois a preferência das bancas pela prisão temporária se dá apenas quando presentes os requisitos das duas medidas, que não é o caso.

2 Por tratar-se do crime de estelionato.

[3] A questão não forneceu o número do inquérito policial, portanto, o campo deve ficar em branco. Não inventar dados.

[4] Artigos que demonstram a competência do delegado de polícia para a condução das investigações criminais objetivando a apuração das infrações penais e sua consequente legitimidade para representar em Juízo.

[5] Artigos específicos que legitimam o delegado de polícia a representar pela prisão preventiva e pelo sequestro de bens.

[6] Não inventar dados, o problema só forneceu a cidade em que o crime foi praticado e os envolvidos, assim apenas esses dados devem ser inseridos na peça.

[7] Colocar os elementos fáticos essenciais para representação da medida cautelar, narrando sucinta e fielmente os dados fornecidos pela questão, ou seja, sem inventar qualquer informação, para não caracterizar identificação de prova. Lembrar das questões básicas a serem respondidas na narrativa do texto (Qual foi o crime que ocorreu? Quando ocorreu? Local em que ocorreu? Quem são os envolvidos (vítima, suspeitos, testemunhas)? Qual a motivação?), desde que tais informações tenham sido fornecidas.

[8] Como a questão não disse que João Gabriel foi indiciado, deve ser referido na peça como investigado.

[9] No computador as expressões em latim estariam em itálico (ou outra forma oficial de destaque), mas na prova, deve ser colocado entre aspas. Não grifar ou ressaltar de nenhum outro modo para não configurar identificação de prova.

[10] Como trata-se de uma prova de concurso público e as investigações não estão em fase de conclusão, é conveniente que justifiquem que não estão representando pela prisão temporária por não ser cabível.

[11] Importante fundamentar também que as medidas cautelares diversas da prisão não são efetivas ao caso apresentado.

[12] Importante colocar a fundamentação específica ao caso tratado.

[13] Sempre se ater aos pedidos necessários à efetividade da medida cautelar do sequestro de bens, conforme a especificidade da questão proposta.

14 Só colocar os dados fornecidos pela questão, não inventar, neste caso só era possível saber a cidade.

15 Não assinar a peça. Utilizar o cargo no masculino, mesmo que seja uma candidata do sexo feminino, exceto se a questão mencionar que a investigação está sendo presidida por uma delegada de polícia, situação em que se deve utilizar o cargo no feminino, mesmo que seja um candidato do sexo masculino.

IV

OUTRAS PEÇAS PRÁTICOS-PROFISSIONAIS

1. REPRESENTAÇÃO PELO EXAME DE SANIDADE MENTAL

1.1. Conceito e natureza jurídica

Trata-se de uma medida cautelar, representada pelo delegado de polícia, que tem por finalidade a realização de exame médico-legal, por meio de determinação judicial, no sentido de aferir o estado mental do agente que se encontra sob investigação, quando existam dúvidas sobre a sua integridade mental ao tempo da ação ou omissão criminosa.

É importante frisar que, de acordo com a teoria tripartida do crime, a culpabilidade do agente, onde reside a imputabilidade penal, encontra-se inserida no conceito de crime, daí a importância do exame de sanidade mental para definir se o agente cometeu ou não um crime, bem como se ele poderá ser ou não condenado judicialmente.

Não custa lembrar que, uma vez reconhecida a inimputabilidade do agente, o juiz o absolvirá através da chamada sentença absolutória imprópria, impondo a competente medida de segurança, nos termos do artigo 97 do Código Penal.

1.2. Legitimidade

A legitimidade do delegado de polícia em representar pela realização do médico-legal de sanidade mental, encontra-se prevista no artigo 149, § 1º, do Código de Processo Penal, conforme o disposto abaixo:

> Art. 149. Quando houver dúvida sobre a integridade mental do acusado, o juiz ordenará, de ofício ou a requerimento do Ministério Público, do defensor, do curador, do ascendente, descendente, irmão ou cônjuge do acusado, seja este submetido a exame médico-legal.
>
> § 1º O exame poderá ser ordenado ainda na fase do inquérito, mediante representação da autoridade policial ao juiz competente.

1.3. Cabimento

A medida será cabível quando houver dúvidas acerca da sanidade mental do investigado, ou seja, quando pairarem suspeitas de que o mesmo possa ser possuidor de alguma doença mental ou de desenvolvimento mental incompleto ou retardado.

O artigo 149, do Código de Processo Penal prevê o seguinte:

> Art. 149. Quando houver dúvida sobre a integridade mental do acusado, o juiz ordenará, de ofício ou a requerimento do Ministério Público, do defensor, do curador, do ascendente, descendente, irmão ou cônjuge do acusado, seja este submetido a exame médico-legal. (grifo nosso)

1.4. Requisitos cautelares

1.4.1. Fumus comissi delicti

Como ocorre em toda medida cautelar prevista em nosso ordenamento jurídico, devemos prezar sempre pela presença do *fumus comissi delicti* como indispensável à sua decretação, consubstanciado pelos indícios de autoria ou participação em infração penal.

Note que não existe exigência expressa na lei acerca de tal requisito cautelar para a decretação da medida ora tratada, porém, não podemos olvidar da sua necessidade para satisfação da representação.

1.4.2. Periculum in mora

Também não encontramos este requisito previsto em nenhum dispositivo relacionado à presente medida, porém, devemos prezar pela demonstração da premente necessidade de esclarecer a sanidade mental do investigado, para que seja definida, sobretudo, outra medida cautelar pessoal adequada ao agente, como exemplo da medida cautelar diversa de prisão de internação provisória, prevista no artigo 319, VII, do Código de Processo Penal.

1.5. Modelo básico da peça

EXCELENTÍSSIMO SENHOR JUIZ DE DIREITO DA ___ VARA CRIMINAL DA COMARCA DE ___________.

Inquérito Policial nº ____/____.

O delegado de polícia infrassignatário, representando a Polícia__________, no uso de suas atribuições constitucionais e legais, conferidas pelos artigos __________, vem a Vossa Excelência, representar pelo exame de sanidade mental do(a) investigado(a)_______, pelas razões fáticas e jurídicas a seguir expostas:

I – DOS FATOS

Qual foi o crime que ocorreu? Quando ocorreu? Local em que ocorreu? Quem são os envolvidos (vítima, suspeitos, testemunhas)? Qual a motivação? Outras informações relevantes.

II – DOS FUNDAMENTOS JURÍDICOS

a) prática delituosa – demonstrar o crime praticado.

b) cabimento – demonstrar que existem dúvidas sobre a sanidade mental do investigado, nos termos do art. 149, do Código Processo Penal e, por este motivo, a medida visa elucidar a efetiva prática do crime, no que se refere à imputabilidade do agente como elemento da culpabilidade.

c) requisitos cautelares – demonstrar que estão presentes, todos os requisitos cautelares relativos ao "fumus comissi delicti" e "periculum libertatis".

III – DOS PEDIDOS

Diante do exposto, presentes os requisitos legais autorizadores da medida, com base nos fundamentos fáticos e jurídicos acima declinados, represento pela realização de exame de sanidade mental a ser realizado no investigado __________, a fim de aferir sua integridade mental, nos termos definidos em lei, por ser a medida de direito adequada ao caso.

Uma vez decretada a realização do exame ora representado, o perito responsável por sua realização deverá responder aos seguintes quesitos, sem prejuízo dos possíveis quesitos elencados pelo juiz e pelo Ministério Público:

a) ao tempo da ação ou omissão que culminou na prática do crime o investigado era portador de doença mental, desenvolvimento mental incompleto ou desenvolvimento mental retardado? Em caso afirmativo, qual?

b) Em razão da possível doença psíquica, o investigado era, ao tempo da ação ou omissão, inteiramente incapaz de entender o caráter ilícito do fato ou de determinar-se de acordo com esse entendimento?

c) Em razão da possível doença psíquica, o investigado possuía, ao tempo da ação ou omissão, reduzida capacidade de entender o caráter ilícito do fato ou de determinar-se de acordo com esse entendimento?

d) Inserir outras informações que julgar pertinentes ao caso

Nestes termos, pede e espera deferimento.

Cidade, ___ de _________ de _______.

Delegado de Polícia

1.6. Caso proposto – Concurso para delegado de polícia de do Rio de Janeiro de 2014 – adaptado

Ana Carolina Santos foi presa por policiais lotados na 52ª DP de Nova Iguaçu e autuada em flagrante delito por ter sido surpreendida no momento em que agredia violentamente uma conhecida sua, que sabia estar grávida de cinco meses, chamada Anastácia Silva. A vítima foi socorrida ao hospital, mas sofreu um aborto em decorrência das agressões.[1] Durante o curto período em que a conduzida se encontrava custodiada na Delegacia, a autoridade policial percebeu que a mesma apresentava sinais evidentes de deficiência mental, o que foi reforçado pelo depoimento do condutor e demais policiais que participaram da prisão.

Foi realizado o competente exame de corpo de delito na vítima Anastácia Silva, restando comprovada a materialidade delitiva.

Foram ouvidas no decorrer das investigações, testemunhas que presenciaram o fato, as quais também disseram desconfiar da higidez mental da autuada.

Ainda, familiares de Ana Carolina Santos apresentaram receitas médicas demonstrando que ela utiliza remédios controlados e documentos que comprovam que a mesma já foi internada, algumas vezes, em estabelecimentos destinados a tratamento de doenças mentais.

A autuada permanece presa desde o dia do cometimento do crime.[2]

Diante disso, sabendo que ainda faltam algumas diligências a serem realizadas[3], na qualidade de Delegada de Polícia que preside as investigações, e que possui dúvidas sobre a higidez mental da investigada, represente pela medida adequada ao caso concreto.[4]

Considerações sobre o caso proposto

1 Neste momento já é possível responder a primeira pergunta essencial para a correta identificação da peça prático profissional, ou seja, que o crime investigado trata-se de lesão corporal gravíssima (artigo 129, § 2º, inciso V, do Código Penal). Neste caso a questão não forneceu a tipificação legal.

2 Informação importante para formulação dos pedidos.

3 Neste momento é possível responder a segunda pergunta essencial para a correta identificação da peça prático profissional, ou seja, a fase em que a investigação se encontra, que neste caso não é de conclusão, já que encontra-se expressa a informação de que ainda faltam algumas diligências a serem realizadas. Informação relevante para que o candidato exclua a possibilidade da elaboração de um relatório conclusivo cumulado com medida cautelar.

4 Aqui, é possível responder a terceira pergunta essencial para a correta identificação da peça prático profissional, ou seja, o que a delegada de polícia busca para o êxito das investigações, que no caso em tela é a demonstração ou não da higidez mental da autuada.

1.7. Resolução do caso proposto – Representação pelo exame de sanidade mental[1]

EXCELENTÍSSIMO SENHOR JUIZ DE DIREITO DA VARA CRIMINAL[2] DA COMARCA DE NOVA IGUAÇU – RIO DE JANEIRO.

Inquérito Policial nº .[3]

A Delegada de Polícia infrassignatária, representando a Polícia Civil do Rio de Janeiro, no uso de suas atribuições constitucionais e legais, conferidas pelos artigo 144, § 4º, da Constituição da República, artigo 2º, § 1º, da Lei nº 12.830/13 e artigos 4º, "caput"[4] e 149, § 1º,[5] ambos do Código de Processo Penal, vem a Vossa Excelência, representar pelo exame de sanidade mental da autuada[6] Ana Carolina Santos[7], pelas razões fáticas e jurídicas a seguir expostas:

I – DOS FATOS

O Inquérito Policial foi iniciado por auto de prisão em flagrante delito, pois a autuada Ana Carolina Santos foi surpreendida no momento em que agredia violentamente uma conhecida sua, que sabia estar grávida de cinco meses, chamada Anastácia Silva.

A vítima foi socorrida ao hospital, mas sofreu um aborto em decorrência das agressões, e submetida ao competente exame de corpo de delito, restou comprovada a materialidade do delito de lesão corporal gravíssima, tipificado ao teor do artigo 129, § 2º, inciso V, do Código Penal[8].

Durante o período em que Ana Carolina Santos permaneceu na Delegacia de Polícia, a delegada de polícia que a esta subscreve, percebeu que a mesma apresentava sinais evidentes de deficiência mental, o que foi reforçado pelo depoimento do condutor e demais policiais que participaram da prisão.

No decorrer das investigações foram ouvidas testemunhas presenciais do crime, as quais também disseram desconfiar da higidez mental da autuada.

Assim, restou duvidosa a integridade mental de Ana Carolina Santos, sendo esta inclusive alegada pelos familiares da mesma, que apresentaram receitas médicas demonstrando que ela utiliza remédios controlados e documentos que comprovam que a mesma já foi internada, algumas vezes, em estabelecimentos destinados a tratamento de doenças mentais.[9]

II – DOS FUNDAMENTOS JURÍDICOS

Considerando os fatos acima narrados, resta claro o cabimento da medida ora representada, pois a autuada, presa em flagrante delito pelo crime de lesão corporal gravíssima, tipificado ao teor do artigo 129, § 2º, inciso V, do Código Penal, apresenta dúvida acerca de suas faculdades mentais, atendendo assim o requisito do artigo 149, "caput", do Código de Processo Penal.

A isso, somam-se os requisitos do "fumus comissi delicti"[10], afinal, existem indícios de autoria que recaem sobre a autuada no cometimento do crime de lesão corporal gravíssima; e do "periculum in mora", que está presente na necessidade de se esclarecer sobre a culpabilidade da investigada, ou seja, a elucidação de seu estado mental, para a devida conclusão do inquérito policial.

III – DOS PEDIDOS

Diante do exposto, presentes os requisitos legais autorizadores da medida, em razão das consequências jurídicas decorrentes e com fundamento no art. 149, "caput" do Código de Processo Penal[11], represento pela realização de exame de sanidade mental a ser realizado na autuada Ana Carolina Santos, a fim de aferir sua integridade mental, nos termos definidos em lei.

Requeiro a autuação da presente representação em apartado, em conformidade ao disposto no artigo 153, do Código de Processo Penal.

Ainda, em razão da autuada estar presa desde o dia do cometimento do crime investigado, solicito que a mesma seja internada em manicômio judiciário ou em outro estabelecimento adequado à realização do competente exame médico, atendendo ao previsto no artigo 150, do Código de Processo Penal.

Uma vez decretada a realização do exame ora representado, o perito responsável por sua realização deverá responder aos seguintes quesitos, sem prejuízo dos possivelmente elencados pelo Juiz e pelo Ministério Público:

a) Ana Carolina Santos, ao tempo da ação que resultou na prática do crime de lesão corporal gravíssima, apresentava doença mental, desenvolvimento mental incompleto ou desenvolvimento mental retardado? Em caso afirmativo, qual doença ou condição especial das mencionadas anteriormente ela apresentava?

b) Em razão da possível doença mental ou condição especial apresentada, a autuada, ao tempo da ação, era inteiramente incapaz de entender o caráter ilícito do fato ou de determinar-se de acordo com esse entendimento?

c) Em razão da possível doença mental ou condição especial apresentada, a autuada possuía, ao tempo da ação criminosa, reduzida capacidade de entender o caráter ilícito do fato ou de determinar-se de acordo com esse entendimento?

d) Inserir outras informações que julgar pertinentes ao caso.

Nestes termos, pede e espera deferimento.

Nova Iguaçu, de de .[12]

Delegada de Polícia[13]

Considerações sobre o caso proposto

1 Restou evidente a peça a ser elaborada, vez que o intuito é o de demonstrar ou não a higidez mental da autuada.

2 Por tratar-se do crime de lesão corporal gravíssima.

3 A questão não forneceu o número do inquérito policial, portanto, o campo deve ficar em branco. Não inventar dados.

4 Artigos que demonstram a competência do delegado de polícia para a condução das investigações criminais objetivando a apuração das infrações penais e sua consequente legitimidade para representar em Juízo.

5 Artigo específico que legitima o delegado de polícia a representar pela realização de exame de sanidade mental.

6 Como a questão disse que Ana Carolina foi autuada, assim deve ser seu tratamento na peça elaborada pelo candidato.

7 Deixar claro desde o preâmbulo em quem deve ser realizado o exame representado.

8 Não utilizar abreviações, exceto se a questão já o fez, que não é o caso.

9 Colocar os elementos fáticos essenciais para representação da medida cautelar, narrando sucinta e fielmente os dados

fornecidos pela questão, ou seja, sem inventar qualquer informação, para não caracterizar identificação de prova. Lembrar das questões básicas a serem respondidas na narrativa do texto (O que aconteceu? – Quando aconteceu? – Onde aconteceu? – Quem são os envolvidos? Por que aconteceu?), desde que tais informações tenham sido fornecidas.

1º No computador as expressões em latim estariam em itálico (ou outra forma oficial de destaque), mas na prova, deve ser colocado entre aspas. Não grifar ou ressaltar de nenhum outro modo para não configurar identificação de prova.

11 Importante colocar a fundamentação específica ao caso tratado.

12 Só colocar os dados fornecidos pela questão, não inventar, neste caso só era possível informar a cidade.

13 Não assinar a peça. Neste caso foi informado no problema que as investigações estavam sob presidência de uma delegada de polícia, portanto, deve-se utilizar o cargo no feminino, mesmo que seja um candidato do sexo masculino.

2. PORTARIA

2.1. Caso proposto 1

No dia 06/03/2017 o delegado de polícia Titular da 2ª Delegacia de Homicídios da cidade de Recife-PE foi acionado para verificar a ocorrência de um homicídio, ocorrido às 12h do mesmo dia, na rua São Mateus, nº 100, bairro da Iputinga, cidade de Recife – PE, tendo se deslocado ao local do fato com uma equipe de policiais e com um perito criminal, constatando realmente a ocorrência do crime.[1]

Em razão do exposto, foi confeccionado o respectivo boletim de ocorrência com todos os dados iniciais que foram coletados, onde constou que a vítima tratava-se da pessoa de Afonso Silva (filho de Antônio Silva e Edilene Silva, RG nº 100.000 SDS/PE, nascido aos 12/01/2000), o qual teria sido executado na localidade mencionada acima, provavelmente em razão de dívida de drogas, por dois indivíduos ainda não identificados. Constou no relato do boletim, que a vítima foi abordada por dois homens encapuzados, em frente a sua residência, tendo sido atingido por três disparos de arma de fogo na cabeça. Também, que no momento do crime, Afonso estava na companhia de sua genitora, a qual relatou, ainda no local do crime, que um dos autores teria dito "não pagou, morreu", segundos antes de atirar em seu filho.

Foram identificadas como testemunhas duas pessoas que estavam no local do crime no momento dos disparos. [2]

Elabore na condição do mencionado delegado de polícia responsável pela apuração do crime, com base nas informações constantes no referido boletim de ocorrência, a peça inaugural do inquérito policial que investigará o homicídio de Afondo Silva.

Considerações sobre o caso proposto 1

1 Neste ponto já é possível identificar alguns requisitos básicos para elaboração da portaria de instauração do inquérito policial, como a identificação do delegado de polícia, o local e a data do cometimento do crime.

2 Neste momento podemos identificar os demais requisitos básicos para elaboração da portaria de instauração do inquérito policial, como a fonte de informação da ocorrência, as circunstâncias do cometimento do crime, a tipificação do crime e a identificação da vítima. Não foi possível identificar quem foram os autores do crime, não devendo o candidato inventar tal informação.

2.2. Resolução do caso proposto 1 – Portaria de instauração de inquérito policial

PORTARIA

O delegado de polícia infrassignatário, titular da 2ª Delegacia de Polícia de Homicídios de Recife-PE[1], no uso das atribuições constitucionais e legais, conferidas pelos artigo 144, § 4º, da Constituição da República, artigo 4º e seguintes do Código de Processo Penal, artigos 1º e 2º, §§ 1º e

2º, da Lei nº 12.830/13[2], artigo 103, § 5º, da Constituição do Estado de Pernambuco e Lei Complementar Estadual nº 317/15[3], considerando as informações constantes no boletim de ocorrência nº [4], resolve:

Instaurar inquérito policial para apurar o crime de homicídio qualificado, tipificado ao teor do artigo 121, § 2º, inciso II, do Código Penal[5], ocorrido às 12h, do dia seis de março de dois mil e dezessete (06/03/2017), na rua São Mateus, nº 100, bairro da Iputinga, nesta cidade de Recife – PE[6], que teve como vítima Afonso Silva (filho de Antônio Silva e Edilene Silva, RG nº 100.000 SDS/PE, nascido aos 12/01/2000)[7], o qual foi alvejado em frente a sua residência, por três disparos de arma de fogo na região da cabeça, efetuados por dois indivíduos ainda não identificados, provavelmente em razão de dívida de drogas.[8]

Registre-se e autue-se, prosseguindo-se, então, nas diligências até a completa elucidação do fato delituoso.

Ainda, determino ao escrivão de polícia as seguintes providências iniciais[9]:

1) junte aos autos o boletim de ocorrência policial e demais documentos produzidos preliminarmente;

2) expeça mandados de intimação para oitiva da genitora da vítima e demais testemunhas constantes no boletim de ocorrência;

3) realize pesquisa acerca da existência de antecedentes criminais e mandado de prisão expedido em desfavor das pessoas arroladas no boletim de ocorrência;

4) expeça ofício ao Instituto de Criminalística requisitando a materialização da perícia de local de crime;

5) expeça ofício ao Instituto de Medicina Legal requisitando a confecção de laudo cadavérico na vítima;

6) expeça ordem de serviço aos agentes de polícia para que empreendam diligências no sentido de investigar o crime até a sua completa elucidação, identificando testemunhas, câmeras de vídeo que possam ter capturado a execução do crime ou sua dinâmica, fatores que corroborem a motivação

do crime, dentre outras. O resultado das diligências realizadas deverá ser materializado em correspondente parte de serviço[10];

7) proceda às demais comunicações e anotações de praxe, anexando aos autos as peças procedimentais inerentes.

Após, faça-me conclusos os autos do inquérito policial para ulteriores deliberações.

Cumpra-se.

Recife, 06 de março de 2017. [11]

Delegado de Polícia[12]

Considerações sobre a resolução do caso proposto 1

1 Identificar o delegado de polícia que expediu a portaria.

2 Artigos que demonstram a competência do delegado de polícia para a condução de investigações criminais objetivando a apuração de infrações penais e sua consequente legitimidade para instauração do inquérito policial mediante expedição de portaria.

3 Regulamentação do cargo de delegado de polícia do Estado de Pernambuco, que sempre é relevante mencionar, caso o candidato tenha conhecimento.

4 Mencionar a fonte de informação da ocorrência. No caso, como não foi fornecido o número do boletim de ocorrência, não deve o candidato inventar, para não caracterizar identificação de peça.

5 Tipificar o crime que será apurado, mesmo que preliminarmente.

Destaca-se que existe entendimento divergente sobre o crime de homicídio cometido em razão de dívida de drogas, que para alguns configura motivo torpe e para outros configura motivo fútil, conforme já comentado nos itens 1.8 e 8.7, do Capítulo II, do Título III, da presente obra.

6 Informar o local e a data do cometimento do crime, sem inventar qualquer dado, para não caracterizar identificação de peça.

7 Sempre que a vítima estiver identificada deve ser mencionada na portaria. Do mesmo modo deve o candidato proceder se já estiver identificado o responsável pelo crime, o que não ocorreu no presente caso.

8 Mencionar também as circunstâncias do cometimento do crime, conforme fornecido na questão.

9 A determinação das diligências iniciais dependerá do caso apresentado ao candidato, que deverá identificar as necessidades e possibilidades da investigação.

10 O nome da peça elaborada pelos investigadores pode mudar de um Estado para outro, sendo chamada de "parte de serviço", "relatório de serviço", "relatório de missão", etc., caso o candidato não tenha essa informação, recomenda-se colocar: "O resultado das diligências realizadas deverá ser reduzido a termo".

11 Só colocar os dados fornecidos pela questão, não inventar, neste caso foi possível inserir os dados completos.

12 Não assinar a peça. Utilizar o cargo no masculino, mesmo que seja uma candidata do sexo feminino, exceto se a questão mencionar que a investigação está sendo presidida por uma delegada de polícia, situação em que se deve utilizar o cargo no feminino, mesmo que seja um candidato do sexo masculino.

2.3. Caso proposto 2

No dia 01/04/2016 o delegado de polícia Titular da Delegacia Especializada de Defraudações e Falsificações de Vitória – ES recebeu uma requisição do Juiz de Direito da 1ª Vara Cível da Comarca de Vitória – ES para que instaurasse competente inquérito policial para averiguar a ocorrência do crime de falsidade ideológica cometido por João Santos, o qual teria simulado um contrato de compra e venda para Gaspar Lima, a respeito do imóvel Y, sobre o qual foi lavrada a escritura pública em 20/01/2016, mas logo em seguida foi transferido gratuitamente a Liana Lira, que mantinha um relacionamento extraconjugal com João Santos.[1]

O mencionado juiz encaminhou cópia da documentação mencionada, que fora apresentada num processo cível em que o mesmo atuava.

Na condição de delegado de polícia responsável pela apuração do crime, com base nas informações transcritas acima, formule a peça inaugural do inquérito policial que investigará a possível falsidade ideológica, pela inserção de declaração falsa na lavratura da mencionada escritura pública. [2]

Considerações sobre o caso proposto 2

1 Neste ponto já é possível identificar vários requisitos básicos para elaboração da portaria de instauração do inquérito policial, como a identificação do delegado de polícia, o local e a data do cometimento do crime, a fonte de informação da ocorrência, as circunstâncias mínimas do cometimento do crime, bem como a identificação do responsável pelo delito. O crime de falsidade ideológica tem como sujeito passivo o Estado e a pessoa prejudicada pelo ilícito penal, dado não fornecido pelo problema, não devendo o candidato inventar tal informação.

2 A banca forneceu claramente o crime cometido, devendo o candidato tipificá-lo.

2.4. Resolução do caso proposto 2 – Portaria de instauração de inquérito policial

PORTARIA

O delegado de polícia infrassignatário, titular da Delegacia Especializada de Defraudações e Falsificações de Vitória – ES[1], no uso das atribuições constitucionais e legais, conferidas pelo artigo 144, § 4º, da Constituição da República, artigo 4º e seguintes do Código de Processo Penal, artigo 1º e 2º, §§ 1º e 2º, da Lei nº 12.830/13[2], considerando as informações obtidas por meio da requisição do Juiz de Direito da 1ª Vara Cível da Comarca de Vitória – ES[3], resolve:

Instaurar inquérito policial para apurar a possível ocorrência do crime de falsidade ideológica, tipificado ao teor do artigo 299, do Código Penal[4], no dia 20 de janeiro de dois mil e dezesseis (20/01/2016), na cidade de Vitória – PE[5], praticado por João Santos[6], o qual teria sido responsável pela inserção de declaração falsa em lavratura de escritura pública, pois teria simulado um contrato de compra e venda para Gaspar Lima, a respeito do imóvel Y, sobre o qual foi lavrada a escritura pública e logo em seguida transferido gratuitamente a Liana Lira, que mantinha um relacionamento extraconjugal com João Santos.[7]

Registre-se e autue-se, prosseguindo-se, então, nas demais diligências até a completa elucidação do fato tido como delituoso.

Ainda, determino ao senhor escrivão de polícia as seguintes providências iniciais[8]:

1) junte aos autos a requisição judicial e os documentos que a acompanham;

2) expeça ofício ao Juiz de Direito da 1ª Vara Cível da Comarca de Vitória – ES comunicando a instauração do presente inquérito policial;

3) expeça ofício ao competente cartório de registro de imóveis para que forneça uma 2ª via da escritura pública do imóvel Y;

4) expeça mandados de intimação para oitiva de Gaspar Lima, Liana Lira e João Santos;

5) realize pesquisa acerca da existência de antecedentes criminais e mandado de prisão expedido em desfavor das pessoas citadas acima;

6) expeça ordem de serviço aos investigadores de polícia para que empreendam diligências no sentido de investigar o crime até a sua completa elucidação, especialmente

identificando pessoas que possam ajudar no esclarecimento dos fatos. O resultado das diligências realizadas deverá ser reduzido a termo[9];

7) proceda às demais comunicações e anotações de praxe, anexando aos autos as peças procedimentais inerentes.

Após, faça-me conclusos os autos do inquérito policial para ulteriores deliberações.

Cumpra-se.

Vitória, 01 de abril de 2016. [10]

Delegado de Polícia[11]

Considerações sobre a resolução do caso proposto 2

1 Identificar o delegado de polícia que expediu a portaria.

2 Artigos que demonstram a competência do delegado de polícia para a condução das investigações criminais objetivando a apuração das infrações penais e sua consequente legitimidade para instauração do inquérito policial mediante expedição de portaria.

3 Mencionar a fonte de informação da ocorrência.

4 Tipificar o crime que será apurado.

5 Só colocar os dados fornecidos pela questão, não inventar.

6 Sempre que o autor do crime estiver identificado deve ser mencionado na Portaria, sem inventar qualquer dado. Do mesmo modo deveria o candidato mencionar a pessoa prejudicada pelo ilícito penal se tivesse sido fornecida essa informação no problema, o que não ocorreu no presente caso.

7 Mencionar também as circunstâncias do cometimento do crime, conforme fornecido na questão.

8 A determinação das diligências iniciais dependerá do caso apresentado ao candidato, que deverá identificar as necessidades e possibilidades da investigação.

9 O nome da peça elaborada pelos investigadores pode mudar de um Estado para outro, sendo chamada de "parte de serviço", "relatório de serviço", "relatório de missão", etc., caso o candidato não tenha essa informação recomenda-se colocar: "O resultado das diligências realizadas deverá ser reduzido a termo".

10 Só colocar os dados fornecidos pela questão, não inventar, neste caso foi possível inserir os dados completos.

11 Não assinar a peça. Utilizar o cargo no masculino, mesmo que seja uma candidata do sexo feminino, exceto se a questão mencionar que a investigação está sendo presidida por uma delegada de polícia, situação em que se deve utilizar o cargo no feminino, mesmo que seja um candidato do sexo masculino.

2.5. Caso proposto 3

No dia 04/03/2018 a Delegada de Polícia Titular da 2ª Delegacia Especializada de Atendimento à Mulher de Belo Horizonte – MG foi procurada pela vítima Carla Cristina (filha de Severino Assis e Maria da Glória, CPF nº 100.000.000-00, nascida aos 10/08/1990), a qual narrou ter sido vítima de estupro na madrugada do mesmo dia quando caminhava em direção ao seu trabalho. Segundo a vítima, por volta das 04h, quando passava pela rua Paracatu, próximo ao Hospital Vera Cruz, na cidade de Belo Horizonte – MG, foi abordada por um indivíduo desconhecido, o qual a constrangeu a manter conjunção carnal, mediante grave ameaça exercida pelo uso de uma arma branca (faca).[1]

A vítima mencionou as características físicas do autor do crime e disse que tinha capacidade de fazer o reconhecimento do mesmo, caso ele fosse localizado.

Foi realizado o formal registro da ocorrência e tomado a termo a oitiva da vítima e sua representação.

Na condição de delegada de polícia responsável pela apuração do crime, com base nas informações transcritas acima, formule a peça inaugural do inquérito policial.

Considerações sobre o caso proposto 3

1 Neste ponto já é possível identificar vários requisitos básicos para elaboração da portaria de instauração do inquérito policial, como a identificação da delegada de polícia, o local e a data do cometimento do crime, a fonte de informação da ocorrência, as circunstâncias do cometimento do crime, a tipificação do crime e a identificação da vítima. Não foi possível identificar quem foi o autor do crime, não devendo o candidato inventar tal informação.

2.6. Resolução do caso proposto 3 – Portaria de instauração de inquérito policial

PORTARIA

A delegada de polícia infrassignatária, titular da 2ª Delegacia Especializada de Atendimento à Mulher de Belo Horizonte – MG[1], no uso das atribuições constitucionais e legais, conferidas pelos artigo 144, § 4º, da Constituição da República, artigo 4º e seguintes do Código de Processo Penal e artigos 1º e 2º, §§ 1º e 2º, da Lei nº 12.830/13[2], considerando as informações obtidas por meio da oitiva e representação da vítima Carla Cristina[3], que originou o registro de ocorrência nº [4], resolve:

Instaurar inquérito policial para apurar a possível ocorrência do crime de estupro, tipificado no artigo 213, do Código Penal[5], ocorrido às 04h, do dia 04 de março de dois mil e dezoito (04/03/2018), na rua Paracatu, próximo ao Hospital Vera Cruz, na cidade de Belo Horizonte – MG[6], por um indivíduo ainda não identificado, contra a vítima Carla Cristina (filha de Severino Assis e Maria da Glória, CPF nº 100.000.000-00, nascida aos 10/08/1990)[7], a qual relatou ter sido abordada e constrangida a manter conjunção carnal com um indivíduo desconhecido, mediante grave ameaça exercida pelo uso de arma branca (faca).[8]

Registre-se e autue-se, prosseguindo-se, então, nas demais diligências até a completa elucidação do fato tido como delituoso.

Ainda, determino ao senhor escrivão de polícia as seguintes providências iniciais[9]:

1) junte aos autos o registro de ocorrência policial, o termo de declaração e o termo de representação da vítima;

2) expeça ofício ao Instituto de Medicina Legal requisitando a realização de exame de corpo de delito na vítima Carla Cristina, ocasião em que deverá, se possível, ser colhido material biológico do responsável pelo crime;

3) expeça ofício ao setor de identificação requisitando a realização do retrato falado do autor do fato, com base nas descrições da vítima;

4) expeça ordem de serviço aos investigadores de polícia para que empreendam diligências no sentido de investigar o crime até a sua completa elucidação, especialmente identificando testemunhas, câmeras de vídeo que possam ter capturado a execução do crime, sua dinâmica ou imagem do agressor. O resultado das diligências realizadas deverá ser reduzido a termo[1º];

5) proceda às demais comunicações e anotações de praxe, anexando aos autos as peças procedimentais inerentes.

Após, faça-me conclusos os autos do inquérito policial para ulteriores deliberações.

Cumpra-se.

Belo Horizonte, 04 de março de 2018. [11]

Delegada de Polícia[12]

Considerações sobre a resolução do caso proposto 3

1 Identificar a delegada de polícia que expediu a portaria.

2 Artigos que demonstram a competência do delegado de polícia para a condução de investigações criminais objetivando a

apuração de infrações penais e sua consequente legitimidade para instauração do inquérito policial mediante expedição de portaria.

3 Mencionar a fonte de informação da ocorrência.

> ***Atenção:*** com o advento da Lei nº 13.718 de 24 de setembro de 2018, o crime de estupro passou a proceder-se mediante ação pública incondicionada, em razão da alteração legislativa do artigo 225, do Código Penal. Portanto, se o crime ora tratado tivesse ocorrido, por exemplo em 10 de outubro de 2018, não haveria mais a necessidade da representação da vítima.

4 Escrever conforme foi dado no problema. No caso, como não foi fornecido o número do registro de ocorrência, não deve o candidato inventar, para não caracterizar identificação de peça.

5 Tipificar o crime que será apurado.

6 Informar o local e a data do cometimento do crime, sem inventar qualquer dado, para não caracterizar identificação de peça.

7 Sempre que a vítima estiver identificada deve ser mencionada na portaria. Do mesmo modo deve o candidato proceder se já estiver identificado o responsável pelo crime, o que não ocorreu no presente caso.

8 Mencionar também as circunstâncias do cometimento do crime, conforme fornecido na questão.

9 A determinação das diligências iniciais dependerá do caso apresentado ao candidato, que deverá identificar as necessidades e possibilidades da investigação.

10 O nome da peça elaborada pelos investigadores pode mudar de um Estado para outro, sendo chamada de "parte de serviço", "relatório de serviço", "relatório de missão", etc., caso o candidato não tenha essa informação recomenda-se colocar:

"O resultado das diligências realizadas deverá ser reduzido a termo".

11 Só colocar os dados fornecidos pela questão, não inventar, neste caso foi possível inserir os dados completos.

12 Não assinar a peça. Neste caso foi informado no problema que as investigações estavam sob presidência de uma delegada de polícia, portanto, deve-se utilizar o cargo no feminino, mesmo que seja um candidato do sexo masculino.

3. DESPACHO ORDINATÓRIO

3.1. Caso proposto – concurso para Delegado de polícia do Piauí de 2014

GORGIAS, brasileiro, maior, se envolve em um acidente de trânsito com PROTÁGORAS, brasileiro, maior, na cidade de Teresina-PI, fato ocorrido às 10h30 do dia 10.07.2014. Após a ocorrência do sinistro, ambos iniciam uma discussão que redundou em agressões verbais, findadas pela intervenção de terceiros presentes no local. Logo em seguida, PROTÁGORAS, revoltado, se dirige até o seu veículo e de lá retira uma pistola cal.380. GORGIAS, percebendo que seu desafeto se encontrava com arma em punho, tenta empreender fuga, mas é alvejado nas costas por 03 (três) tiros disparados por PROTÁGORAS. Neste momento passa uma viatura da Polícia Civil e os policiais que presenciaram a ação delituosa de PROTÁGORAS lhe dão voz de prisão, arrecadando a arma que efetuou os disparos com as respectivas munições. Os mesmos policiais isolam a área da ação delituosa e com a chegada de servidores do Instituto de Criminalística e do IML conduzem PROTÁGORAS à Delegacia de Homicídios, responsável pela autuação em flagrante delito e instrução do respectivo inquérito policial. [1]

Uma vez apresentado PROTÁGORAS ao Delegado titular da Delegacia de Homicídios, juntamente com a arma e munições arrecadadas, fora o mesmo autuado em flagrante delito.[2] Na qualidade de Delegado de polícia responsável pelo Auto de Prisão em Flagrante de PROTÁGORAS, elabore DESPACHO contendo atos ordinatórios da peça flagrancial tendentes ao prosseguimento da instrução do inquérito policial, conforme preceitua a legislação pátria.[3]

Considerações sobre o caso proposto

1 Neste momento já é possível responder a primeira pergunta essencial para a correta identificação da peça prático-profissional, ou seja, que o crime investigado se trata de homicídio qualificado (artigo 121, § 2º, inciso II, do Código Penal).

2 Neste momento é possível responder a segunda pergunta essencial para a correta identificação da peça prático-profissional, ou seja, a fase em que a investigação se encontra, que neste caso é a inicial, logo após a autuação em flagrante delito.

3 Neste momento é possível responder a terceira pergunta essencial para a correta identificação da peça prático-profissional, ou seja, o que o delegado de polícia busca, que no caso em tela, é a determinação, por meio de despacho, da realização dos atos que possibilitarão o prosseguimento da instrução do inquérito policial.

3.2. Resolução do caso proposto – Despacho ordinatório em auto de prisão em flagrante delito (espelho dado pela banca)[1]

DESPACHO[2]

1. Autue-se o Auto de Prisão em Flagrante;

2. Dê-se o recibo de preso ao condutor;

3. Autue-se o Auto de Apresentação e Apreensão;

4. Autue-se a Nota de Ciência das Garantias Constitucionais (advogado, família, silêncio, nome dos responsáveis pela prisão ou interrogatório);

5. Dê-se Nota de Culpa ao preso PROTÁGORAS, como incurso nas penas do Artigo 121, § 2º, II do CPB;

6. Elaborem-se o Prontuário de Identificação Criminal e Boletim de Vida Pregressa do ora autuado;

7. Expeçam-se ofícios ao Juiz Criminal, ao Promotor de Justiça e ao Defensor Público ou advogado constituído, todos na comarca de Teresina-PI, comunicando a prisão em flagrante do preso, encaminhando junto as ora peças produzidas;

8. Oficie-se ao Instituto Médico Legal de Teresina-PI, solicitando exame de corpo de delito no preso;

9. Encaminhe-se, via ofício, o preso PROTÁGORAS ao estabelecimento prisional em Teresina-PI, onde ficará recolhido à disposição da Justiça;

10. Expeça-se ofício ao Instituto de Criminalística, conforme minuta, solicitando perícia no local de morte violenta;

11. Expeça-se ofício ao Instituto de Criminalística, conforme minuta na arma e munições apreendidas;

12. Expeça-se ofício ao IML, conforme minuta, solicitando exame cadavérico na vítima;

13. Após, conclusos à autoridade policial.

14. C U M P R A – S E.

15. Teresina/PI, XXX de julho de 2014.

16. DELEGADO(A) DE POLÍCIA CIVIL

Delegacia de Homicídios

Considerações sobre a resolução do caso proposto

1 A resposta abaixo foi exatamente o espelho da prova, em que cada um dos 16 itens apresentados foi avaliado com 2,5 pontos, de um total de 40. Apresentamos o espelho para o candidato saber o que foi cobrado, mas na sequência apresentaremos uma resposta com a mesma peça, porém, com mais informações, com fundamentação jurídica e em consonância com a legislação atual, pois em um futuro concurso essa peça pode ser avaliada de forma mais rigorosa.

[2] O candidato deve ter em mente que está respondendo a uma questão de concurso público, portanto, mesmo o que é aparentemente óbvio deve ser explicitado, especialmente em uma peça mais simples, pois o examinador pretende que o candidato demonstre as especificidades da peça a ser elaborada.

3.3. Resolução do caso proposto – Despacho ordinatório em auto de prisão em flagrante delito[1]

DESPACHO ORDINATÓRIO EM AUTO DE PRISÃO EM FLAGRANTE DELITO

Após a análise do exposto quando da lavratura do auto, passo a analisar juridicamente os fatos trazidos ao meu conhecimento, com fundamento no artigo 144, § 4º, da Constituição da República, no artigo 4º e seguintes do Código de Processo Penal e nos artigos 1º e 2º, "caput" e §§ 1º e 2º, da Lei nº 12.830/13.[2]

Uma vez presentes os indícios suficientes de autoria e a demonstração da materialidade do crime, autuo Protágoras, como incurso no crime tipificado no artigo 121, § 2º, inciso II, do Código Penal[3], o qual foi capturado em estado de flagrante próprio, previsto no artigo 302, I, do Código de Processo Penal, ou seja, quando estava no curso da prática do delito.[4]

Em razão da pena prevista ao delito acima mencionado, impossibilitado está o arbitramento de fiança, razão pela qual determino que o autuado seja recolhido preso, nas formas da lei.[5]

Por fim, determino ao senhor escrivão de polícia as seguintes providências:

1) Autue o auto de prisão em flagrante delito;

2) Forneça ao condutor o recibo de entrega do preso;

3) Autue o auto de apresentação e apreensão da arma de fogo e munições apresentadas pelo condutor;[6]

4) Encaminhe, mediante ofício, ao Instituto de Criminalística, a arma de fogo e munições apreendidas, requisitando perícia competente, conforme disposto no artigo 6º, inciso VII, do Código de Processo Penal e artigo 2º, § 2º, da Lei nº 12.830/13;[7]

5) Expeça nota de culpa ao autuado Protágoras, como incurso no crime tipificado no artigo 121, § 2º, inciso II, do Código Penal, conforme disposto no artigo 306, § 2º, do Código de Processo Penal e artigo 5º, LXIV, da Constituição da República;

6) Autue a nota de ciência das garantias constitucionais do autuado, informando-o do respeito à sua integridade física e moral e dos direitos de não ser preso senão em flagrante delito ou por ordem escrita e fundamentada de autoridade judiciária competente, de ter a sua prisão e o local onde se encontre comunicados, imediatamente, ao juiz competente e à sua família, ou à pessoa por ele indicada, de permanecer calado, sendo-lhe assegurada a assistência da família e de advogado e a identificação dos responsáveis por sua prisão ou por seu interrogatório policial, conforme previsto no artigo 5º, "caput" e incisos XLIX, LXI, LXII, LXIII, LXIV e LXVI, da Constituição da República;[8]

7) Expeça comunicação de prisão à família do autuado ou à pessoa por ele indicada, conforme disposto no artigo 306, "caput", do Código de Processo Penal e artigo 5º, LXII, da Constituição da República;[9]

8) Comunique, mediante ofício e com cópia do presente procedimento, a prisão em flagrante do autuado ao Juiz de Direito, ao Promotor de Justiça e ao Defensor Público ou Advogado constituído[10], conforme disposto no artigo 306, "caput" e § 1º, do Código de Processo Penal e artigo 5º, LXII, da Constituição da República;

9) Encaminhe, mediante ofício, o autuado ao Instituto de Medicina Legal, para ser submetido a exame de corpo de delito, conforme disposto no artigo 6º, inciso VII, do Código de Processo Penal;

10) Oficie o Instituto de Identificação requisitando a folha de antecedentes criminais do autuado Protágoras, conforme disposto no artigo 6º, inciso VIII, do Código de Processo Penal;[11]

11) Junte-se aos autos a identificação civil do autuado[12] e seu boletim de vida pregressa;

12) Expeça ofício de encaminhamento do autuado à Audiência de Custódia;[13]

13) Oficie o Instituto de Criminalística requisitando perícia em local de morte violenta, conforme disposto no artigo 6º, inciso VII, do Código de Processo Penal e artigo 2º, § 2º, da Lei nº 12.830/13;

14) Oficie o Instituto de Medicina Legal requisitando exame cadavérico na vítima, conforme disposto no artigo 6º, inciso VII, do Código de Processo Penal e artigo 2º, § 2º, da Lei nº 12.830/13;

15) Junte o boletim de ocorrência policial e demais peças pertinentes.

Ao final, faça-me conclusos os presentes autos do inquérito policial para o encerramento das investigações no prazo legal.

Cumpra-se.

Teresina, de julho de 2014. [14]

Delegado de Polícia[15]

Considerações sobre a resolução do caso proposto

1 Peça em que o delegado de polícia faz uma sucinta análise jurídica do caso e em seguida determina a realização dos atos essenciais à autuação do flagrante e que possibilitarão o prosseguimento da instrução do inquérito policial.

2 Artigos que demonstram a competência do delegado de polícia para a condução de investigações criminais objetivando a apuração de infrações penais e sua consequente legitimidade

para analisar juridicamente a situação de flagrante que lhe foi apresentada.

3 Importante deixar claro o tipo legal da autuação.

4 Deixar claro o tipo de flagrante, apenas se for fornecido pelo problema apresentado.

5 Analisar neste momento se cabe ou não fiança, a depender do crime e sua pena.

6 Deixar claro o que foi apreendido.

7 Deixar clara a perícia a ser realizada.

8 Alguns delegados de polícia fazem uma peça separada fornecendo essa ciência das garantias constitucionais ao autuado, mas na prática é mais comum ser feita no termo de qualificação e interrogatório, justamente após a qualificação e antes de iniciar os questionamentos ao interrogado. Porém, aqui o examinador quer saber se o candidato sabe que deve dar tal ciência ao autuado, portanto, numa prova deve ser considerado como documento independente, como exposto. Se o candidato conseguir se lembrar da fundamentação jurídica enriquecerá a peça.

9 Item faltante no espelho.

10 Somente colocar como "ou" se o problema não informar se o autuado possui ou não Advogado constituído.

11 Item faltante no espelho.

12 Esta é a regra, se o problema não forneceu dados suficientes para o candidato, este deve optar pela regra (artigo 1º, da Lei nº 12.037/09). Para a banca exigir a determinação de identificação criminal do autuado, deveria ter fornecido no problema que o autuado não era civilmente identificado ou que se enquadrava em alguma exceção prevista no artigo 3º, da Lei nº 12.037/09, o que não ocorreu no presente caso. Item passível de recurso.

Exemplo de determinação de identificação criminal do autuado: Encaminhe, mediante ofício, o autuado para identificação criminal, uma vez que o mesmo não se encontra civilmente identificado (ou presente alguma das hipóteses elencadas na Lei nº 12.037/2009), juntando a identificação ao presente auto.

[13] Diante da mudança ocorrida em razão da Resolução nº 213 do CNJ.

Exemplo do item caso não haja audiência de custódia: Expeça o mandado de recolhimento do autuado, encaminhando-o ao sistema prisional, onde ficará recolhido à disposição da Justiça.

[14] Só colocar os dados fornecidos pela questão, não inventar, neste caso só era possível saber a cidade, o mês e o ano.

[15] Não assinar a peça. Utilizar o cargo no masculino, mesmo que seja uma candidata do sexo feminino, exceto se a questão mencionar que a investigação está sendo presidida por uma delegada de polícia, situação em que se deve utilizar o cargo no feminino, mesmo que seja um candidato do sexo masculino.

4. DESPACHO DE INDICIAMENTO

4.1. Caso proposto

Encontra-se em investigação na Delegacia de Polícia de Porto Alegre o inquérito policial em que se apura o fato criminoso ocorrido no dia 30 de janeiro de 2018, por volta das 11h30, na rua Antenor Lemos, nº 10, bairro Menino Deus, cidade de Porto Alegre – RS, em que foi vítima Henrique Dias (filho de Antônio Dias e Marina Dias, CPF nº 111.111.111-11, nascido aos 20/02/1991, residente na Rua José de Alencar, nº 20, bairro Menino Deus, cidade de Porto Alegre – RS). A vítima foi agredida fisicamente com socos e chutes, por um conhecido seu, chamado Sebastião Lima (filho de Rui Lima e Ana Lima, CPF nº 222.222.222-22, nascido aos 08/03/1989, residente na Rua Costa, nº 50, bairro Menino Deus, cidade de Porto Alegre – RS), após discutirem em um bar.

Durante as investigações foram ouvidas diversas testemunhas que estavam no local em que o fato ocorreu, restando evidente que o responsável pelas lesões sofridas pela vítima Henrique, foi o investigado Sebastião.[1]

Restou comprovado também, que em razão da mencionada agressão, a vítima Henrique permaneceu internada por 35 dias, ficando impedida, neste período, de cumprir suas ocupações habituais.[2] Foi juntado aos autos o laudo traumatológico atestando as lesões por ele sofridas.[3]

Faltam algumas diligências para a conclusão dos autos.[4] Na condição de delegado de polícia responsável pela apuração do crime, com base nas informações transcritas acima, formule a peça cabível, para que o investigado Sebastião possa ser ouvido com a preservação de seus direitos e garantias constitucionais.[5]

Considerações sobre o caso proposto

1 Indícios suficientes de autoria.

2 Neste momento já é possível responder a primeira pergunta essencial para a correta identificação da peça prático-profissional, ou seja, que o crime investigado se trata de lesão corporal grave (artigo 129, § 1º, inciso I, do Código Penal).

3 Comprovação da materialidade delitiva.

4 Neste momento é possível responder a segunda pergunta essencial para a correta identificação da peça prático-profissional, ou seja, a fase em que a investigação se encontra, que neste caso, não é de conclusão. Informação relevante para que o candidato exclua a possibilidade da elaboração de um relatório conclusivo.

5 Neste momento é possível responder a terceira pergunta essencial para a correta identificação da peça prático-profissional, ou seja, o que o delegado de polícia busca, que no caso em tela é a oitiva do investigado com a preservação de seus direitos e garantias constitucionais, ou seja a realização de seu interrogatório.

4.2. Resolução do caso proposto – Despacho de indiciamento[1]

DESPACHO DE INDICIAMENTO

O presente inquérito policial foi instaurado para apurar o crime de lesão corporal, ocorrido no dia 30 de janeiro de 2018, por volta das 11h30, na rua Antenor Lemos, nº 10, bairro Menino Deus, cidade de Porto Alegre – RS, em que foi vítima Henrique Dias, o qual foi agredido fisicamente com socos e chutes.[2]

Durante as investigações foram ouvidas diversas testemunhas que estavam no local em que o fato ocorreu, restando evidente que o responsável pelas lesões sofridas pela vítima foi o investigado Sebastião Lima[3], que era conhecido de Henrique e tinha discutido com o mesmo quando estavam em um bar.

A materialidade do crime restou demonstrada, pois foi juntado aos autos o laudo traumatológico atestando as lesões sofridas por Henrique Dias. Ainda, comprovou-se que ele permaneceu internado por 35 dias, ficando impedido, neste período, de cumprir suas ocupações habituais.[4]

Ante todo o exposto, demonstradas autoria e materialidade do crime, bem assim como as circunstâncias de seu cometimento, os meios empregados e a motivação para a sua prática, restou demonstrado que o crime de lesão corporal grave, sofrido por Henrique Dias (filho de Antônio Dias e Marina Dias, CPF nº 111.111.111-11, nascido aos 20/02/1991, residente na Rua José de Alencar, nº 20, bairro Menino Deus, cidade de Porto Alegre – RS), teve como responsável Sebastião Lima (filho de Rui Lima e Ana Lima, CPF nº 222.222.222-22, nascido aos 08/03/1989, residente na Rua Costa, nº 50, bairro Menino Deus, cidade de Porto Alegre – RS), motivo pelo qual, com base no artigo 2º, § 6º, da Lei nº 12.830/13[5], o indicio como incurso nas sanções do artigo 129, § 1º, inciso I, do Código Penal.[6]

Por fim, determino ao senhor escrivão de polícia as seguintes providências:

1) Realize a qualificação e o interrogatório do indiciado Sebastião Lima, conforme disposto no artigo 187, do Código de Processo Penal, respeitados seus direitos e garantias constitucionais;[7]

2) Oficie o Departamento de Identificação[8] requisitando a folha de antecedentes criminais do indiciado Sebastião Lima, conforme disposto no artigo 6º, inciso VIII, do Código de Processo Penal;

3) Elabore o competente boletim individual[9] e encaminhe para o Departamento de Identificação[10], a fim de que seja o presente indiciamento registrado no sistema da Polícia Civil do Rio Grande do Sul;

4) Faça constar o nome do indiciado e a tipificação do crime na capa dos presentes autos de inquérito policial.

5) Proceda às demais anotações de praxe, anexando aos autos as peças procedimentais inerentes.

Cumpra-se.

Porto Alegre, __ de _____ de 2018.[11]

Delegado de Polícia[12]

Considerações sobre a resolução do caso proposto

1 O problema explicita que o objetivo da realização da peça prático-profissional a ser elaborada pelo candidato é a realização do termo de qualificação e interrogatório do investigado, logo a peça trata-se do despacho de indiciamento.

2 Colocar os elementos fáticos essenciais, narrando sucinta e fielmente os dados fornecidos pela questão, ou seja, sem inventar qualquer informação, para não caracterizar identificação de prova.

3 Deixar clara a existência de indícios suficientes de autoria.

4 Demonstração da materialidade do crime e da gravidade das lesões sofridas pela vítima.

5 Fundamentação legal do indiciamento.

6 Indicar a tipificação do indiciamento.

7 Objetivo básico do indiciamento.

8 No Rio Grande do Sul possui este nome, mas em vários Estados é chamado de Instituto de Identificação, na dúvida o candidato pode optar por escrever "setor responsável pela identificação".

9 Também chamado de boletim de vida pregressa.

10 Ou Instituto de Identificação ou setor responsável pela identificação.

11 Só colocar os dados fornecidos pela questão, não inventar, neste caso só era possível saber a cidade e o ano.

12 Não assinar a peça. Utilizar o cargo no masculino, mesmo que seja uma candidata do sexo feminino, exceto se a questão mencionar que a investigação está sendo presidida por uma delegada de polícia, situação em que se deve utilizar o cargo no feminino, mesmo que seja um candidato do sexo masculino.

5. RELATÓRIO CONCLUSIVO

5.1. Caso proposto

Encontra-se em tramitação da Delegacia de Polícia da Cidade Z, o inquérito policial que investiga a morte de Amauri Júnior (brasileiro, solteiro, nascido aos 10/04/1975, filho de Leda Silva e Amauri Rodrigues, CPF n. 333.333.333-33, ensino médio, operador de máquinas, residente à rua A, n. 02, no bairro B, na cidade Z) ocorrida no dia 01 de março de 2017.

O inquérito foi instaurado, pela força tarefa de homicídios, para apuração do crime de homicídio.

Durante as investigações, constatou-se que a vítima Amauri Júnior estava bebendo em um bar localizado no bairro Y com seus amigos Marcos, Lucas e João e que em determinado momento ele bateu na mesa e disse em voz alta que aquela rodada de bebida era por sua conta, pois havia recebido seu salário e estava com dinheiro no bolso.

Também restou demonstrado que por volta de 04h, Amauri disse que iria embora porque já tinha bebido muito, sendo que um cliente que também estava no bar, chamado Silvestre Silva, o qual tinha presenciado todo o ocorrido, saiu atrás de Amauri e começou a conversar com ele.

Pouco tempo depois, chegou um rapaz, conhecido como Téo, informando que duas ruas depois do bar, a vítima teria sido espancada até a morte, momento em que os amigos de Amauri correram até o local e constataram o fato, percebendo ainda, que haviam levado todos os pertences de Amauri, sendo um anel de ouro, uma gargantilha de prata, uma carteira com aproximadamente R$ 2.000,00 (dois mil reais) em dinheiro e cartões.[1]

Foram ouvidas diversas testemunhas que confirmaram os fatos.

Marcos disse em seu depoimento que durante a conversa no bar, Amauri havia lhe dito que estava com pouco mais de R$ 2.000,00 (dois mil reais) na carteira.

Restou evidente pelas investigações, que o responsável pelo crime foi a pessoa de Silvestre Silva (brasileiro, solteiro, nascido aos 15/01/1979, filho de Maria Silva e Joaquim Silva, CPF n. 444.444.444-44, ensino fundamental, desempregado, residente à rua D, n. 10, no bairro B, na cidade Z). Alguns clientes do bar disseram que Silvestre ficou olhando muito para a vítima desde o momento em que ela falou que estava com dinheiro no bolso. Ainda, ele foi a última pessoa vista na companhia de Amauri, pois saiu do bar conversando com ele, mesmo sem conhecê-lo anteriormente.

A testemunha Téo reconheceu formalmente Silvestre como o homem que ele viu largando um tijolo no chão, pegando algo do corpo da vítima e correndo em seguida.[2]

Foi localizado e ouvido o irmão do investigado, Adeildo Silva, que afirmou que seu irmão sempre residiu na cidade M, mas havia se mudado para a cidade Z há um ano, em razão de ter se envolvido em uma confusão na cidade M. Disse que Silvestre continuou se envolvendo em brigas e que no dia do crime investigado, ele chegou em casa por volta de 05h nervoso, todo sujo e disse que tinha feito uma "besteira". Informou ainda, que neste mesmo dia, Silvestre desapareceu e não entrou mais em contato, não sabendo informar onde o mesmo pode ser localizado.[3] Por fim, disse que Silvestre já tinha sido preso por roubo.

Foi solicitada ao Instituto de Identificação a folha de antecedentes criminais do investigado, que confirmou que Silvestre já responde por um crime de roubo.[4]

Restou evidenciado que o crime se deu justamente porque o investigado sabia que a vítima tinha recebido seu salário e queria roubá-la.

O local imediato do crime foi periciado e, no respectivo laudo, consta que Amauri Júnior foi vítima de morte violenta, apresentando ferimentos produzidos por instrumento contundente (tijolo).

Também se encontra nos autos o laudo cadavérico, em que se constatou que a vítima Amauri Júnior teve como causa de sua morte traumatismo crânio encefálico, produzido por instrumento contundente, restando configuradas ainda, uma fratura na mandíbula e uma fratura no membro superior direito.[5]

Não há mais nenhuma diligência a ser realizada nos autos e o inquérito policial encontra-se concluso ao Delegado de Polícia.[6]

Na condição de Delegado de polícia responsável pela apuração do crime, com base nas informações transcritas acima, formule a peça cabível e caso vislumbre a necessidade de representação por alguma medida cautelar, fundamente-a.[7]

Considerações sobre o caso proposto

1 Neste momento já é possível responder a primeira pergunta essencial para a correta identificação da peça prático-profissional, ou seja, que o crime investigado se trata de latrocínio (artigo 157, § 3º, inciso II, do Código Penal).

2 Indícios suficientes de autoria.

3 Demonstração da necessidade da medida cautelar pessoal para garantir a aplicação da lei penal, vez que o autor se evadiu logo após o cometimento do crime.

4 Demonstração da periculosidade do agente, reforçando a necessidade da medida cautelar pessoal.

5 Comprovação da materialidade delitiva.

6 Neste momento é possível responder a segunda pergunta essencial para a correta identificação da peça prático-profissional, ou seja, a fase em que a investigação se encontra, que neste caso, é de conclusão.

7 Neste momento é possível responder a terceira pergunta essencial para a correta identificação da peça prático-profissional, ou seja, o que o delegado de polícia busca. Aqui restou evidente que não há mais nenhuma diligência a ser realizada, portanto, a peça prático-profissional a ser realizada só pode ser o relatório conclusivo, vez que é a peça que encerra os autos de inquérito policial.

Ocorre que, no presente caso, há ainda o objetivo de assegurar a garantia da ordem pública e a aplicação da lei penal em relação ao investigado, o qual fugiu após o cometimento do crime e não foi localizado, possibilitando assim a representação pela prisão preventiva.

5.2. Resolução do caso proposto – Relatório conclusivo com indiciamento e representação por prisão preventiva

RELATÓRIO CONCLUSIVO

Inquérito policial nº .[1]

Vítima: Amauri Júnior.

Indiciado: Silvestre Silva.

Tipificação: Artigo 157, § 3º, inciso II, do Código Penal.

O presente Inquérito policial foi instaurado para apurar o crime de homicídio, ocorrido no dia 01 de março de 2017, por volta das 04h, na Rua Z, n. 100, no bairro Y, Cidade Z, em que foi vítima Amauri Júnior, apurando-se como responsável Silvestre Silva.

Este fato chegou ao conhecimento deste delegado de polícia por meio dos presentes autos, instaurados pela força tarefa de homicídios, tendo sido feitos o devido tombo e a conclusão dos trabalhos de polícia judiciária.

No decorrer das investigações restou constatado que o homicídio se deu para que seu responsável pudesse roubar os pertences da vítima, caracterizando o crime de latrocínio.

I – DOS FATOS E DAS OITIVAS

Ficou demonstrado nos autos por meio das oitivas e dos elementos de provas colhidos, que no dia 01 de março de 2017 a vítima Amauri Júnior estava bebendo em um bar localizado no bairro Y com seus amigos Marcos, Lucas e João, quando chamou atenção dos demais clientes dizendo que pagaria uma rodada de bebida por ter recebido seu salário e estar com o dinheiro no bolso.

Por volta de 04h Amauri disse que iria embora porque já tinha bebido muito, sendo que um cliente que também estava no bar, chamado Silvestre Silva, o qual tinha presenciado todo o ocorrido, saiu atrás de Amauri e começou a conversar com ele.

Pouco depois, chegou um rapaz, conhecido como Téo, informando que duas ruas depois do bar, a vítima teria sido espancada até a morte, sendo constatado que haviam levado todos os pertences de Amauri, quais sejam, um anel de ouro, uma gargantilha de prata, uma carteira com aproximadamente R$ 2.000,00 (dois mil reais) em dinheiro e cartões.

Durante as investigações foram ouvidas diversas testemunhas que confirmaram os fatos acima narrados, inclusive Marcos disse que durante a conversa no bar, Amauri havia lhe dito que estava com pouco mais de R$ 2.000,00 (dois mil reais) na carteira.

Alguns clientes do bar disseram que Silvestre ficou olhando muito para a vítima desde o momento em que ela falou que estava com dinheiro no bolso. Ainda, ele foi a última pessoa vista na companhia de Amauri, pois saiu do bar conversando com ele, mesmo sem conhecê-lo anteriormente.

Restou evidente pelas investigações, que o responsável pelo crime foi a pessoa de Silvestre Silva. A testemunha Téo reconheceu formalmente Silvestre como o homem que ele viu largando um tijolo no chão, pegando algo do corpo da vítima e correndo em seguida.

Foi localizado e ouvido o irmão do investigado, Adeildo Silva, que afirmou que seu irmão tinha se mudado para a cidade Z há um ano, em razão de ter se envolvido em uma confusão em outro local, mas Silvestre continuou se envolvendo em brigas, bem como disse que Silvestre já tinha sido preso por roubo.

Adeildo afirmou também que no dia do crime investigado, Silvestre chegou em casa por volta de 05h, nervoso, todo sujo, disse que tinha feito uma "besteira" e desapareceu em seguida.

Silvestre Silva foi qualificado indiretamente através das declarações de seu irmão e de seus cadastros oficiais (civil, carcerário e criminal), uma vez que não foi localizado.

Foi solicitada ao Instituto de Identificação a folha de antecedentes criminais do indiciado, que segue anexa aos autos do presente inquérito policial e confirma que Silvestre já responde por um crime de roubo.

Com relação ao motivo do crime, restou evidenciado que o fato se deu justamente porque o indiciado sabia que a vítima tinha recebido seu salário e queria roubá-la.[2]

II – DAS PERÍCIAS

O local imediato do crime foi periciado e, conforme laudo apresentado nos autos, Amauri Júnior foi vítima de morte violenta, apresentando ferimentos produzidos por instrumento contundente (tijolo).

A materialidade do crime restou comprovada através do laudo cadavérico, em que se constatou que a vítima Amauri Júnior teve como causa de sua morte traumatismo crânio encefálico, produzido por instrumento contundente, restando configuradas ainda, uma fratura na mandíbula e uma fratura no membro superior direito.

III – DO INDICIAMENTO[3]

Ante todo o exposto, demonstradas autoria e materialidade do crime, bem assim como as circunstâncias de seu cometimento, os meios empregados e a motivação para a sua prática, restou demonstrado que o crime de latrocínio, sofrido por Amauri Júnior (brasileiro, solteiro, nascido aos 10/04/1975, filho de Leda Silva e Amauri Rodrigues, CPF n. 333.333.333-33, ensino médio, operador de máquinas, residente à rua A, n. 02, no bairro B, na cidade Z), teve como responsável Silvestre Silva (brasileiro, solteiro, nascido aos 15/01/1979, filho de Maria Silva e Joaquim Silva, CPF n. 444.444.444-44, ensino fundamental, desempregado, residente à rua D, n. 10, no bairro B, na cidade Z), motivo pelo qual, com base no artigo 2º, § 6º, da Lei nº 12.830/13[4], o indicio como incurso na sanção do artigo 157, § 3º, inciso II, do Código Penal.[5]

IV – DA REPRESENTAÇÃO PELA PREVENTIVA

Dos fatos descritos, os quais se harmonizam com as provas coletadas ao longo das investigações, advém à formação de juízo deste delegado de polícia, quanto à imperiosa necessidade da segregação provisória do indiciado Silvestre Silva, estando a presente representação legitimada pelos artigos 13, inciso IV, 282, § 2º e 311, todos do Código de Processo Penal.

Restou clara a ocorrência do crime de latrocínio na sua forma consumada, ensejando a tipificação do artigo 157, § 3º, inciso II, do Código Penal, que possui pena máxima cominada em abstrato superior a quatro anos, demonstrando o cabimento da medida, nos termos do artigo 313, inciso I, do Código de Processo Penal.

A irrefutável necessidade pode ser aferida ante a presença coexistente dos pressupostos prova da existência do crime e indícios suficientes de autoria, demonstrando a existência do "fumus comissi delicti".

Também restou evidente a existência de condição para assegurar a garantia da ordem pública e a aplicação da lei penal, exigências do artigo 312 do Código de Processo Penal, já que no presente caso restou demonstrado que o indiciado possui atitudes violentas, já responde por um crime de roubo e segundo informações do próprio irmão, veio residir na cidade Z em razão de confusões anteriores, além do fato do indiciado não ter sido localizado, restando assim, demonstrado o fator de risco que justifica a efetividade da medida, ou seja, o "periculum libertatis".

Vale destacar que não é cabível a prisão temporária no presente caso, uma vez que os autos se encontram conclusos, não havendo nenhuma outra diligência a ser realizada.[6]

Também se observa, pelos fundamentos trazidos, a insuficiência de outras medidas cautelares diversas de prisão ao presente caso, vez que não produziriam os efeitos desejados e necessários para o presente caso, conforme dispõe o artigo 282, § 6º, do Código de Processo Penal.[7]

Assim, presentes os requisitos legais autorizadores da medida, com amparo nos artigos 312 e 313, inciso I, ambos do Código de Processo Penal[8], represento pela decretação da prisão preventiva do indiciado Silvestre Silva, o qual deverá aguardar o julgamento afastado da sociedade.

Ao senhor escrivão de polícia, para as formalidades legais; após, sejam os presentes autos de inquérito policial remetidos ao Poder Judiciário.

É o relatório.

Cidade Z, de de .[9]

Delegado de Polícia[10]

Considerações sobre a resolução do caso proposto

1 A questão não forneceu o número do inquérito policial, portanto, o campo deve ficar em branco. Não inventar dados.

2 Colocar os elementos fáticos essenciais, narrando sucinta e fielmente os dados fornecidos pela questão, ou seja, sem inventar qualquer informação, para não caracterizar identificação de prova. Lembrar das questões básicas a serem respondidas na narrativa do texto (Qual foi o crime que ocorreu? Quando ocorreu? Local em que ocorreu? Quem são os envolvidos (vítima, suspeitos, testemunhas)? Qual a motivação?), desde que tais informações tenham sido fornecidas.

3 No problema ora apresentado não diz que o investigado foi indiciado, portanto, tal formalidade deve constar no relatório conclusivo do inquérito policial.

4 Fundamentação legal do indiciamento.

5 Indicar a tipificação do indiciamento.

6 Como trata-se de uma prova de concurso público é conveniente inserir tal justificativa.

7 Importante fundamentar também que as medidas cautelares diversas da prisão não são efetivas o caso apresentado.

8 Importante colocar a fundamentação específica ao caso tratado.

9 Só colocar os dados fornecidos pela questão, não inventar, neste caso só era possível saber a cidade.

10 Não assinar a peça. Utilizar o cargo no masculino, mesmo que seja uma candidata do sexo feminino, exceto se a questão mencionar que a investigação está sendo presidida por uma delegada de polícia, situação em que se deve utilizar o cargo no feminino, mesmo que seja um candidato do sexo masculino.

BIBLIOGRAFIA

CAPEZ, Fernando. Curso de processo penal. 16ª edição. São Paulo: Editora Saraiva, 2009.

DEZEM, Guilherme Madeira. Curso de processo penal. São Paulo: Revista dos Tribunais, 2016.

GONÇALVES, Victor Eduardo Rios; JÚNIOR, José Paulo Baltazar. Legislação Penal Especial. 3ª edição. São Paulo: Editora Saraiva, 2017.

JÚNIOR, Aury Lopes. Direito Processual Penal. São Paulo: Editora Saraiva, 2014.

KARAM, Maria Lúcia. Prisão e liberdade processuais. Revista Brasileira de Ciências Criminais 02/1993.

LIMA, Renato Brasileiro. Código de Processo Penal Comentado. 2ª Edição São Paulo: Editora Juspodivm, 2017.

LIMA, Renato Brasileiro. Manual de Processo Penal. São Paulo: Editora Juspodivm, 2016.

LIMA, Renato Brasileiro. Manual de Processo Penal. 5ª Edição São Paulo: Editora Juspodivm, 2017.

LIMA, Renato Brasileiro. Legislação Criminal Especial Comentada. 5ª edição São Paulo: Editora Juspodivm, 2017.

MACHADO, Antônio Alberto. Curso de Processo Penal. São Paulo: Editora Atlas, 2009.

NUCCI, Guilherme de Souza. Código de processo penal comentado. 12ª Ed. São Paulo: Revistas dos tribunais, 2013.

NUCCI, Guilherme de Souza. Leis penais e processuais penais comentadas. São Paulo: Revistas dos tribunais, 2007.

TÁVORA, Nestor; ALENCAR, Rosmar Rodrigues. Curso de direito processual penal. São Paulo: Editora Juspodivm, 2011.

TOURINHO FILHO, Fernando da Costa. Processo Penal. São Paulo: Saraiva, 2003. V1.

ANOTAÇÕES

ANOTAÇÕES

ANOTAÇÕES

ANOTAÇÕES

ANOTAÇÕES

EDITORA JusPODIVM
www.editorajuspodivm.com.br

Pré-impressão, impressão e acabamento

GRÁFICA SANTUÁRIO

grafica@editorasantuario.com.br
www.graficasantuario.com.br
Aparecida-SP